Wintergärten

Wohnen und Ambiente

BUSSE SEEWALD

Winter-gärten

Peter Marston

Übertragen aus dem Englischen von Marianne Menzel

Titel der englischen Originalausgabe:
Peter Marston: Garden Room Style
Weidenfeld & Nicolson Limited
The Orion Publishing Group
Orion House
5 Upper St. Martin's Lane
London WC2H9EA

Kataloge von Marston & Langinger
sind erhältlich unter
Tel. 0 40 / 4 50 05 33 oder Fax 0 40 / 4 50 06 22

Die Deutsche Bibliothek – CIP-Einheitsaufnahme

Wintergärten : [Wohnen und Ambiente] / Peter Marston.
Übertr. aus dem Engl. von Marianne Menzel. –
Herford : Busse Seewald, 1999
Einheitssacht.: Garden room style <dt.>
ISBN 3-512-03186-2

Deutsche Ausgabe:

Übersetzung: Marianne Menzel, Michelstadt
Redaktion: Ulrike Rudolph, Bad Salzuflen
Herstellung: Richard Brüll, Herford
Satz: BusseDruck, Herford
Gedruckt und gebunden in Italien

ISBN 3-512-03186-2

Danksagung
Dieses Buch wurde durch die Mitarbeit zahlreicher Fotografen ermöglicht, vor allem durch Robin Matthews, der in Zusammenarbeit mit meiner Frau, Susan Hirsch, viele herausragende Bilder geschaffen hat. Jackie Williams hat das Manuskript abgeschrieben, meine Sekretärin, Maria Cusack, half, das Buch zu organisieren.
Peter Marston

Inhalt

Einleitung

Dieses Buch handelt von einer glücklichen Verbindung zwischen Haus und Garten. Es geht darum, wie man Düfte, Farben, Texturen und Geräusche von außen nach innen bringt, wie man dort mit Familie, Freunden und Gästen leben und feiern kann. Wintergärten, mit großen Fenstern, die sich zum Garten öffnen, mit hohen Decken und einer originellen Architektur dürfen sich vom Stil des übrigen Hauses unterscheiden. Ob traditionell oder modern gebaut – sie ersetzen feste Wände durch große Glasflächen, die viel Licht einlassen und holen ein Stück Garten ins Haus. Wintergärten haben einen ganz eigenen Stil entwickelt, der die Oberflächen von Stein, Ziegeln und Putz mit der lebendigen Welt von Blumen und Pflanzen, mit Sonne und Sternenhimmel verbindet. Sie bieten ein so elegantes wie praktisches Ambiente für ein entspanntes, zeitgemäßes Leben.

Für mich war der Wintergarten immer wichtig. Alle Häuser, in denen ich gelebt habe, besaßen einen, größer oder kleiner, meist nah bei der Küche. Sie waren immer ein Raum, in dem ich, umgeben von den Dingen, die ich liebe, in Ruhe arbeiten konnte.

1

Die Entwicklung der Wintergärten

Die Geschichte beginnt im 18. Jahrhundert mit dem Bau von Orangerien in formalen Gärten. Sie wurden in allen Schlössern Europas errichtet, um die Orangenbäume (daher der Name), Palmen und andere empfindliche Pflanzen vor rauen Wintern zu schützen. Sie standen meist frei und waren großzügig in klassischem Stil gebaut, mit steinernen Säulen, halbrund vorspringenden Fenstern an der Front und einer festen Mauer hinten, mit schöner Aussicht auf die umgebende Parklandschaft. Das Innere hatte Steinböden und verputzte Wände, und während der warmen Sommermonate stand dort ein großer Tisch mit Stühlen – ein schöner Platz zum Essen und für Gespräche. Die Dächer, ursprünglich mit Blei oder Ziegeln gedeckt, wurden später durch Glas ersetzt, als sich die Verglasungstechnik verbesserte und das Material preiswerter geworden war.

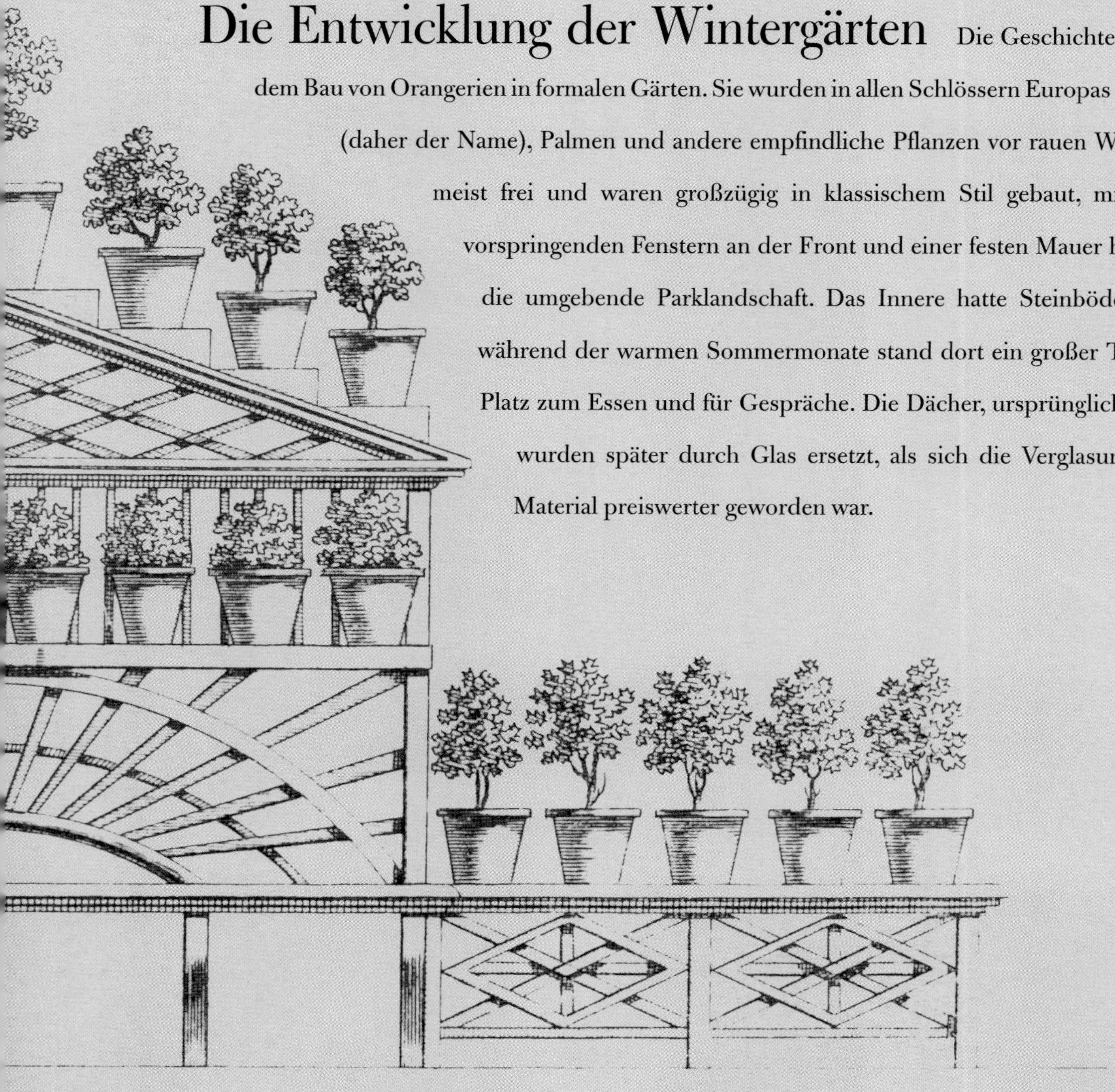

OBEN: Trotz seiner schlichten Bauweise wirkt dieser neugotische Pavillon zwischen grünen Bäumen romantisch verspielt. Von der hübschen Holzbank auf dem erhöhten Ziegelboden hat man einen schönen Blick in den Garten. Kletterpflanzen an den Ecken betonen die Form.

Im folgenden Jahrhundert nutzte man Glasbauten, um das ganze Jahr hindurch Pflanzen halten zu können. Dies führte zu Eisenkonstruktionen in oft monumentalen Proportionen – herausragende Beispiele sind das Palmenhaus in Kew, das Decimus Burton und Richard Turner 1848 vollendeten, und der riesige Crystal Palace in London, den Joseph Paxton 1851 in kürzester Frist für die Weltausstellung errichtete. Dieser Stil wurde im viktorianischen England in kleinerem Maßstab auf die Wohnhäuser übertragen. Es entstanden kunstvolle Bauten aus Glas, Holz und Gusseisen, reich verziert mit Säulen, Streben, Kreuzblumen, Mauerbekrönungen, farbigem Glas und dekorativen Fensterrahmen. Diese Wintergärten vor den Häusern der wohlhabenden Mittelschicht waren mit exotischen Gewächsen aus den Kolonien gefüllt – Palmen, Baumfarne, Aspidistren, Begonien, Orchideen – und teuer mit Kohleöfen beheizt. Das Innere, überladen mit Statuen, Brünnchen und Pflanzen auf Etageren, ließ den Bewohnern weniger Raum als die früheren Orangerien – es gab allenfalls einen kleinen Tisch mit Marmorplatte und wenige Stühle für den Nachmittagsschwatz unter tropischer Flora.

LINKS UNTEN: Die Orangerie von Iford, Wiltshire, steht in einem Garten, den HA Peto um 1930 nach alten italienischen Vorbildern anlegte. Trotz der klassischen Steinfassade sind die Dimensionen bescheiden, das niedrige Glasdach hinter dem Sims ist kaum zu sehen. Der Stil würde auch gut zum Garten eines Stadthauses passen. Öffentlich zugänglich.

OBEN: Die Gärten von Alton Towers. Während der Wintergarten von den strengeren Formen der Orangerien des 18. Jahrhunderts geprägt ist, wuchern die Glaskuppeln mit phantasievollen Gusseisenformen. Die ursprüngliche Inneneinrichtung bestand aus formalen Arrangements von Topfpflanzen und Eisenmöbeln. Öffentlich zugänglich.

OBEN: Die bunte Blütenpracht, Mitte dieses Jahrhunderts angepflanzt, wird heute von den Gärtnern in Glenbervie weitergepflegt. Bei der Anlage ging es darum, ein farbenfrohes Ambiente und gleichzeitig eine Abstellgelegenheit für die Topfpflanzen im Haus zu schaffen.

Um 1900 begann man Glas, bisher teuer handgefertigt, als billige Massenware herzustellen. Fast jeder, der ein Haus besaß, konnte sich nun auch einen Wintergarten aus Glas und Holz leisten. Mit Fliesenböden im Schachbrettmuster, Korbmöbeln aus Madeira oder dem Fernen Osten und eingetopften Palmen auf zartbunten Doulton-Jardinieren wurden sie zu einem beliebten zusätzlichen Raum. Der Erste Weltkrieg markiert das Ende dieses Lebensstils, für den die Wintergärten Symbol waren.

Obwohl die Wintergärten der letzten zwanzig Jahre den Stil des vorigen Jahrhunderts aufnahmen, bekamen sie nun große Türen, die im Sommer zurückgeschoben werden können, um eine Verbindung zwischen Haus und Garten zu schaffen – in viktorianischer Zeit gab es keinen Zugang zum Garten. Moderne Wintergärten werden so genutzt wie die Orangerien des 18. Jahrhunderts – als verglaster Raum, in dem man mit Blick auf den Garten mit Familie oder Gästen essen kann.

OBEN: 50 Jahre waren sie aus der Mode, doch jetzt gibt es wieder Wintergärten, als Sonnenräume mit schrägem Dach – wie hier abgebildet, eingerichtet mit Rohrmöbeln, Sisalmatten, Zimmerpflanzen und einfachen Skulpturen.

UNTEN: Ein typischer moderner Wintergarten mit Terrakottaboden, Pinienholztisch, einigen Antiquitäten, Pinoleumjalousien und einer gemütlichen Mischung von Pflanzen und Möbeln.

2

Elemente des Wintergartenstils

Der wesentliche Bestandteil eines Wintergartens sind die Pflanzen, unabhängig davon, ob der Raum als Gewächshaus, Wohnzimmer, Schwimmbad oder Arbeitszimmer genutzt wird. Wer Platz, Zeit und einen grünen Daumen hat, kann hier das ganze Jahr hindurch gärtnern – es gibt eine riesige und schöne Auswahl von Pflanzen. Das zweibändige Werk Conservatory Plants von Roger Phillips und Martyn Rix über Wintergartenpflanzen, erschienen bei Macmillan, ist ein so vollständiges wie anregendes Kompendium für die vielen Möglichkeiten. Meist fehlt es jedoch an Platz und Zeit für eine systematische Blumenpflege, außerdem brauchen viele Pflanzen Feuchtigkeit und Temperaturen, die sich nicht für Wohnräume eignen. Aber es gibt viele Pflanzen, vor allem mediterranen Ursprungs, die Klima und Ambiente des Wintergartens verbessern: Kletterpflanzen, Zwiebelgewächse, kleine Sträucher und Pflanzen in Töpfen, die man dann aufstellt, wenn sie am schönsten blühen.

OBEN: Dunkelgrün lackiertes Rahmenwerk umschließt den eleganten Wintergarten von Marston & Langinger so, dass seine Bewohner sich wie im Garten fühlen können. Die Pflanzen im Inneren und die zurückhaltenden Möbel von Marston & Langinger betonen diesen Eindruck, während die anderen Farben – wie der Terrakottaboden – und die wohnliche Doppelverglasung dafür sorgen, dass der Raum auch im Winter warm und freundlich wirkt.

Viele Bäume und Kletterpflanzen, die am Wintergarten hochranken, tragen in diesem Raum zum Gefühl eines Lebens im Grünen bei.

Die vielfältigen Formen und Texturen der Blätter in allen Nuancen von Grün beeinflussen Stil und Farbstimmung des Raums. Auch die Düfte sind wichtig – dafür sorgen nicht nur Blumen wie Jasmin, Lilien, Stephanotis und Gardenien (die weißblühenden haben meist den schönsten Duft), sondern auch duftende Blätter, Kräuter und viele Geranienarten. Meine Lieblingspflanzen, Ingwer und Kardamom, verströmen das ganze Jahr wundervolle Düfte, wenn man sie berührt. Bei besonderen Gelegenheiten werden Öllampen und Kerzen angezündet, mit natürlichen Düften wie Zitronenverbenen parfümiert – man sollte jedoch keine billigen, chemisch präparierten Kerzen verwenden.

OBEN: Dieser viktorianische Wintergarten ist gleichzeitig ein Vogelhaus – ein Kakadu und ein Wellensittich sind zu erkennen. Er wurde auf dem Dach, direkt anschließend an ein Apartment, erbaut, zum Lesen, Frühstücken, und, falls die Zeit reicht, für den Nachmittagstee – dann warten die Vögel schon auf die Krümel.

UNTEN: Der lichte Raum eines Wintergartens gewinnt in einem dunklen Haus besonderen Wert. Hier stehen Pflanzen in Körben auf dem Boden, dem Fensterbrett und in einer Drahtjardiniere, sie hängen von der Wand, ranken um die Möbel und um ein Schränkchen mit Porzellan.

Diesen großen Wintergarten habe ich für einen Kunden entworfen, der einen Raum wollte, repräsentativ genug für Einladungen und gleichzeitig gemütlich für das tägliche Familienleben. An einem Ende bauten wir einen Kamin für große Scheite, alles ist in warmen Tönen gehalten. Der Besitzer wollte einen traditionellen Wintergarten im viktorianischen Stil, der zur Architektur des Hauses passt, jedoch mit einer modernen Inneneinrichtung. Um einen Stilbruch zu vermeiden, machte ich beim Entwurf keine Kompromisse und gestaltete stattdessen das Ambiente mit Farben und Texturen. Auf dem Boden liegt unregelmäßig gemusterter burgundischer Kalkstein und darauf ein dicker Teppich aus Manilahanf. Die Wände sind sienafarben, während das Holz in warmen Grautönen gestrichen ist, abgestimmt zu den champignonfarbenen Dachjalousien. Über dem Kamin, auf dem zwei rustikale Messingleuchter stehen, hängt ein alter Stoff aus der Sahara. Die Hängekörbe sind mit spanischem Moos gefüllt.

ART AT AUCTION 1984-85

Die Verwendung von Materialien, die man normalerweise vom Außenbereich kennt, trägt zur besonderen Atmosphäre eines Wintergartens bei. Schlichte Ziegel, Stein und Terrakotta, die sonst eher nicht zu einer Inneneinrichtung passen, gehören ebenso dazu wie verputzte Wände oder alte Gartenmöbel. Solche Materialien und Oberflächen ergänzen ganz selbstverständlich die Pflanzen und sorgen für ein entspanntes Wohngefühl.

Licht und Farbe sind wesentlich für dieses Konzept – einen dunklen Wintergarten kann ich mir nicht vorstellen. Am hellsten sind Gewächshäuser, ganz aus Glas mit einer Holz- oder Metallkonstruktion. Das Licht fällt am besten durch das Dach ein; selbst wenn es nur ein kleines Laternendach sein kann, wird dieser Raum immer der hellste im ganzen Haus sein. Große Fenster oder Glastüren – wie in den früheren Orangerien – haben eine ähnliche Wirkung und geben gleichzeitig den Blick auf Terrasse oder Garten frei. Das Licht und die Nähe zum Garten beeinflussen die Farbstimmung des Raums – Grüntöne, Erdfarben, Ziegel und Stein werden zum Hintergrund für das bunte Feuerwerk der Blumen, das sich in hellen Stoffen wiederholen kann.

OBEN: Der Speisesaal eines Clubs liegt unter einem farbigen Glasdach. Auf den Wandgemälden sind Szenen aus dem mexikanischen Dschungel mit wilden Vögeln und Tieren dargestellt.

UNTEN: Wintergärten in der Stadt genießen nicht immer die Aussicht auf einen hübschen Garten. Hier wurde der kleine Durchgang draußen mit Spalieren und Töpfen dekoriert, Stoffrollos verdecken den Blick auf die benachbarten Mauern und lassen alle Linien des Raumes weicher wirken. Der nur neun Quadratmeter große Wintergarten wurde mit Eisenmöbeln eingerichtet, die den Vorteil haben, auch bei wenig Platz nicht massiv und sperrig zu wirken.

LINKS: Das Chinesische Zimmer in Langley Park. Der Raum ist hoch genug für eine Balustrade, große Schiebefenster und weiß lackierte Möbel im chinesischen Stil schaffen ein zauberhaftes Ambiente.

Rechts: Überdachte Schwimmbäder, die spektakulärste Lösung, das Draußen nach drinnen zu bringen, brauchen für eine attraktive Raumgestaltung weiche Linien. Das wird hier durch Orangenbäume, Bleiwurz, Passionsblumen und Orchideen, lange Leinenvorhänge und Kissen sowie mit originellen Tierfiguren aus Holz und eigens angefertigten Korbliegen erreicht.

Oben: Dieser Wintergarten liegt vor einem großen Haus in Pennsylvania. Kunstvoll zu Girlanden gezogene Kletterpflanzen schmücken den Dachgiebel, dessen Dekoration sonst eher vernachlässigt wird.

Unten: Beim Umbau einer alten Scheune wurde alles großzügig verglast, um einen hellen hohen Wintergarten aus Eiche und Glas zu schaffen. Die Holzkonstruktion kommt so am besten zur Geltung und aus einem früher dunklen Gebäude entstand ein lichtdurchfluteter Raum.

Wichtig ist eine gute Architektur, denn während die Baukonstruktion eines Privathauses später überputzt wird, bleibt in einem Glashaus nichts verborgen: die Form ist die Struktur und umgekehrt. Ein anderer Aspekt ist der offensichtliche Kontrast, zugleich nah an der Außenwelt und doch von ihr getrennt zu sein. Man spürt es besonders in den beheizten Glaspalästen des 19. Jahrhunderts. Ich erinnere mich an einen Winterabend in der dampfenden Schwüle des Palmenhauses von Kew Gardens und an den Panoramablick auf den tiefverschneiten Park. In einem Stadthaus gibt es solche dramatischen Kontraste natürlich nicht, aber es ist angenehm, hinter der Doppelverglasung wohlig im Inneren zu sitzen und in den frostklirrenden Garten zu blicken. All dies zusammen – Licht, Duft und Farbe, die Nähe zur Natur und zu natürlichen Materialien, eine klare Architektur und ein entspanntes Ambiente – macht das Wesen eines Wintergartens aus und sollte schon bei der Planung bis ins Detail bedacht werden.

OBEN: Dieser Wintergarten wurde bewusst im Stil eines Gewächshauses gebaut, mit eher zurückhaltendem olivgrünen Anstrich, der die weichen Farben des Cotswold-Steins gut zur Geltung bringt. Die Einrichtung mit bequemen Sofas und Sesseln bietet viel Platz zum Entspannen.

Dieser Wintergarten in Hamburg wurde unabhängig vom Haus errichtet, mit einer eigenen Küche und einem Kamin. Die Besitzer wollten hier wie im Freien wohnen und wählten daher alte Ziegelsteine für die Mauern und Kalksteinplatten für den Boden. Den Mittelpunkt bildet ein großer Tisch, an dem mindestens 16 Gäste sitzen können – einmal für eine Party angeschafft, blieb er stehen. Der große Raum bietet viele Möglichkeiten: den Tisch in der Mitte, gemütliche Sitzgelegenheiten beim Kamin und reichlich Pflanzen, darunter Palmen und Oliven.

3

Grüne Perspektiven

Farbe, Duft, Formen und Texturen von Blättern und Blüten sind ein unverzichtbarer Bestandteil von Wintergärten. Dazu gehören draußen ein grüner Baldachin aus herabhängenden Zweigen, der Licht und Schatten durch das Glasdach tüpfelt, ein Blütenmeer vor Fenstern und Türen oder verschieden bepflanzte Töpfe im Inneren. Draußen sind immergrüne Pflanzen, die interessant wachsen, am wirkungsvollsten – winterfeste Palmen, Agaven, Neuseeländischer Flachs, Stechpalmen, Eiben und Buchs, die mit blühenden und duftenden Gewächsen ergänzt werden können. Drinnen werden die Pflanzen zum Teil der Einrichtung, passend zum Stil und Charakter des Raumes: eine efeuberankte Wand mit Jasmin, Passionsblumen, Stephanotis oder einfach Tulpen und Narzissen in Töpfen. Für mich sind Pflanzen im Wintergarten wichtig – es macht viel Freude, beim Frühstück zuzusehen, wie eine alte Lieblingspflanze wieder treibt oder wie sich die Knospen einer neuen Blume öffnen.

OBEN: Der zweistöckige reich geschnitzte Holzbalkon in Savannah, Georgia, erinnert an einen Mississippidampfer. Abgesehen von dem bizarren Stil und dem zusätzlichen Platz waren solche Balkons nützlich, um das Haus im Sommer kühl zu halten.

UNTEN: Der Garten von Port Lympne, Kent, wurde 1935 von Russell Page angelegt. Das Haus besitzt schöne, geschützte Terrassen. Das elegante schmiedeeiserne Gitter wurde von Philip Tilden entworfen.

Terrassen und Veranden

Terrassen und Veranden sind die Übergangszone zwischen Haus und Garten. Veranden kamen im späten 18. Jahrhundert in Mode und wurden typisch für Regency-Häuser. Sie waren aus Holz und Schmiedeeisen, später aus Gusseisen, mit filigranen Mustern nach klassischen Motiven, und hatten konkave Dächer, die mit Kupfer oder Blei gedeckt waren. Diese meist schmalen Veranden wurden auf einer gepflasterten Terrasse direkt ans Haus gebaut, oder vom Wohnzimmer aus an den ersten Stock. Es gab auch zweistöckige Veranden und die meisten wurden später verglast. Solche Anbauten waren eine schmückende Bereicherung des Hauses, vor allem, wenn sie von Glyzinien und anderen Kletterpflanzen umrankt waren, und sie waren auch ein Schutz vor schlechtem Wetter. Man konnte bei Regen die Zimmerfenster offen lassen oder an sonnigen Tagen draußen im Schatten sitzen. Neue Veranden sind leicht mit hölzernem Sparrenwerk zu bauen. Falls man das Dach nicht mit Metall decken möchte, eignen sich auch Schiefer, Schindeln oder geformte Glassteine.

Eine Terrasse, die hinter dem Haus in den Garten übergeht, bietet Platz für Bänke, Tisch und Stühle und vielleicht einen Sonnenschirm. Man kann ihre Funktion als Gartenzimmer betonen, wenn man sie mit einer Hecke, einem Zaun oder einer niedrigen Mauer umgibt. Liegt dahinter noch ein Grill oder ein Swimmingpool, hat man verschiedene Gartenräume, die man je nach Wetter nutzen kann.

Eine Regency-Veranda aus Holz und Schmiedeeisen in der Nähe von Kew Gardens bei London. Das Dach hätte auch mit schön geschwungenem Kupfer gedeckt sein können, doch der Schiefer passt gut zu der bleiwurzblauen Bemalung, die sich wiederum schön von dem weißen Stuck abhebt. Dank dieser Veranda konnte man oben französische Fenster einbauen, die viel Licht in das Wohnzimmer bringen.

LINKS: Durch eine Glaswand vom Meer abgeschirmt, wird diese Terrasse als zusätzlicher Raum für Mahlzeiten genutzt. Maritim wirken die blauweißen Möbel und die blank geschrubbte Tischplatte.

RECHTS: Die dekorativen Leinwandplanen können bei Regen eingerollt werden. Sie bringen nicht nur Schatten, sondern machen aus dieser Dachterrasse ein komfortables Gartenzimmer.

FOLGENDE DOPPELSEITE: Der Charme dieser Vorhänge besteht auch darin, dass sie das Sonnenlicht weich filtern. Der Kontrast wird durch das Zurückziehen betont – das Sonnenlicht, das so ins Zimmer strömt, zeichnet schöne Silhouetten auf Tisch und Boden.

Links: Spaliere umschließen die Vorderseite der Terrasse und lassen einen schönen Gartenraum entstehen, mit Tisch und Stühlen zwischen viel Grün.

Oben: Diese Dachterrasse mitten in London wird durch die umliegenden Häuser vor Wind geschützt – ein schöner Platz mit Blick auf die benachbarten Gärten. Das Essen wird aus dem anschließenden Wintergarten gereicht und auf einem Klapptisch aus Teak serviert, der mit rustikalen Sets aus Zweigen und schönen Pressglasgläsern gedeckt ist. Das Blumenarrangement in der Mitte nimmt die fröhlichen Farben auf.

Der Garten draußen

Ein Wintergarten ist ein Zimmer mit Aussicht. Für viele Gartenliebhaber ist er auch eine Gelegenheit, ungewöhnliche Pflanzen aufzuziehen und ganz aus der Nähe zu erleben, wie sie anfangen zu treiben und zu knospen. Die Terrasse ist der richtige Platz für Tulpenzwiebeln in Töpfen, während Kletterpflanzen – Glyzinien, Rosen und Clematis – am Glasdach hochranken. Es ist zauberhaft, im Frühjahr eine Banksiarose durch das Fenster zu sehen. Bäume mit hängenden Zweigen bilden einen grünen Schirm über dem Dach, der vor der Sommersonne schützt. Wird ein Wintergarten neu gebaut, pflanzt man rundum Kletterpflanzen und Bäume, legt Beete an und sorgt für Kübelpflanzen. Die Aussicht muß geplant werden: Soll der Wintergarten geschützt liegen, müssen vorhandene Sträucher beschnitten werden. Will man mit besonderenen Pflanzen Blickpunkte schaffen? Farben und Texturen der gewählten Pflanzen sollten harmonieren – oft ist eine begrenzte Farbpalette am wirkungsvollsten.

GANZ OBEN: Der Wintergarten steht im ersten Stock vor einer mit Holzplanken ausgelegten Terrasse, auf der Lavendel, Rosmarin und Lorbeer in schönen Terrakottatöpfen als Küchengewürze wachsen.

OBEN: Das ganze Jahr hindurch grünt es in diesem kleinen Stadtgarten – auch ohne Rasen, an dessen Stelle man helle Kieswege angelegt hat, die besonders schön mit Lichtkringeln im Schatten wirken.

RECHTS: Der dunkelgrüne Anstrich dieses klassischen Wintergartens im norddeutschen Lübbecke passt gut zu den Farben des Gartens, in dem eine große Blutbuche steht. Drinnen fühlt man sich fast wie in der freien Natur, wozu die verschiedenen Pflanzen, das Backsteinpflaster und das viele Grün um die Fenster beitragen.

LINKS: Auf den Kieselsteinen zwischen Rasen und Haus stehen Blumen in Töpfen, Kletterpflanzen ranken um die neugotischen Fenster und den schmiedeeisernen Balkon. Der große leinwandbespannte Sonnenschirm spendet malerischen Schatten.

UNTEN: Aus der Nähe kaum zu sehen, überrascht das dekorative Laternendach beim Betreten des Raums. Der Efeu ist in den vier Jahren seit dem Bau des Wintergartens gewachsen und überdeckt nun die Ziegelwand.

FOLGENDE DOPPELSEITE: Zimmer mit Aussicht – ein Wintergarten mit solchen Glaswänden wirkt einfach unwiderstehlich. Der Bau wurde auf einer vorhandenen Lindenallee errichtet und ist auf allen Seiten von baumbestandenem Rasen umgeben. Ich habe diesen Wintergarten in abgestimmten Proportionen zum dahinter stehenden Haupthaus entworfen, das mit seinem gotischen Maßwerk noch teilweise mittelalterlichen Charakter hat und so den Stil des Wintergartens vorgab.

Links: Mit großen Schiebetüren wird ein kleiner Stadtgarten im Sommer voll ins Haus integriert. Im Vordergrund wachsen Tomaten, Basilikum und Senfsamen.

Oben: Innen und Außen verschmelzen, wenn die Türen des Wintergartens geöffnet sind. Das Yorkstein-Pflaster draußen setzt sich im Inneren fort, wirkt jedoch weicher durch den schönen Teppich aus dem Atlasgebirge. Pflanzen und Stühle gibt es drinnen wie draußen. Immergrün und Palmen wachsen im Garten, im Vordergrund hängt eine Bougainvillea im Binsenkorb.

Folgende Doppelseite: Das Innere des Wintergartens im neuen Sensory Garden, den ich für Kew Gardens entworfen habe. Das Dach ist mit steinfarben bemalten Pinoleumjalousien ausgestattet, die bei Sonnenschein für schöne Licht-und Schatteneffekte auf dem Fußboden sorgen.

4

Dekorative Elemente

Auch wenn die besondere Atmosphäre in Wintergärten durch natürliches Licht entsteht, ist Dekoratives wichtig. Ohne ein gutes Farbschema, die richtigen Möbel, Pflanzen und Zubehör würde dem Ganzen etwas fehlen, und man würde den Wintergarten, wenn es nicht gerade ein besonders wichtiger Raum ist, wenig nutzen. Die Einrichtung bietet Gelegenheit, es einmal mit ganz anderen Ideen und Möbeln als sonst im Haus zu versuchen. Konventionelles – seien es ein minimalistisch eingerichtetes Wohnzimmer oder schwere Polstermöbel, Mahagoni und kunstvoll drapierte Vorhänge – gehören nicht in einen Wintergarten. Ich rate auch davon ab, Musikinstrumente wie ein Klavier oder eine Harfe aufzustellen, denn sie leiden unter dem hellen Licht und der Feuchtigkeit. Allerdings sind Wintergärten ein wunderbarer Platz, um Musik zu hören, und eine Stereoanlage mit kleinen Lautsprechern oben an der Decke wäre eine gute Idee. Wie in jedem anderen Zimmer eines Hauses sind es auch hier die Details, die Leben in den Wintergarten bringen.

OBEN: Das blaugraue Äußere passt zu dem grauen Buckinghamshire-Stein des Hauses, grau und weiß sind auch Holzrahmen und Bepflanzung. Honigfarbene Tische und Stühle, ein Porzellanschränkchen und viele bunte Kissen sorgen drinnen für wärmere Farben.

UNTEN: Der schlichte Stil von Strandhütten und Bootshäusern passt gut zu Wintergärten. Hier wurden die Bretter kalkweiß gestrichen, abgestimmt mit einem Farbschema von Ecru, Beige und Blau.

Farbe und Textur

Bei Glasbauten sieht man die Farben von innen und außen gleichzeitig – ein Effekt, den man nutzen sollte. Ziegel, Stein, gepflasterte Wege, Bäume, Sträucher, Kräuter und Gräser sollten ebenso wie der Außenanstrich schon bei der Planung berücksichtigt und mit dem Inneren abgestimmt werden – mit Stoffen, Möbeln, Bodenbelag, Jalousien und Pflanzen.

In mancher Hinsicht sind die Texturen das Wesentliche des Wintergartenstils, denn hier können, anders als in Wohnräumen, rauere Materialien verwendet werden. Viele Wintergärten besitzen mindestens eine feste Mauer, meist die des Hauses, an das sie gebaut sind. Ist diese Mauer aus gutem Stein, kann das schön gealterte Material das Ambiente des Raums veredeln und gleichzeitig zum Ausgangspunkt für die Farbgestaltung werden. Wintergärten bekommen mehr Tages- und Sonnenlicht, direkt und reflektiert, als jeder andere Raum – was bei der Wahl von Farben und Texturen bedacht werden muß. Weiß, die traditionelle Farbe englischer Wintergärten, kann im Sonnenlicht hart wirken, während modisch bunte Farben leicht irritieren.

UNTEN: Die ganz einfache Glaskonstruktion dieses Wintergartens lebt von den starken Farben des Ambientes. Die gelbe Innenwand reicht ein Stück in den Garten, die Bepflanzung konzentriert sich auf rote oder violette Blumen.

LINKS: Der kleine Wintergarten, den ich direkt an mein Londoner Haus baute, sollte zugleich Frühstückszimmer und Verbindung zum Garten sein, den ich dicht mit Immergrün bepflanzte. Das grüne Thema wird im Haus fortgesetzt – mit apfelgrünem Holz, grünen Jalousien und einem grünen Scagliola-Tisch von Marston & Langinger. So entsteht bei sonnigem Wetter eine besonders schöne Stimmung.

GANZ OBEN: Auch dieser Innenraum schmückt sich mit Grün, diesmal mit Kalkweiß und Akzenten in hellem Zitronengrün kombiniert. Besonderer Wert wurde auf die Texturen gelegt.

OBEN: Weiß, Ecru und braune Naturtöne bestimmen den Raum mit einem Boden aus Sienastein, Korbsessel mit Fußbank, traditionell gestreiften Stoffen von Susan Hirsh, Leinenkissen und Töpfen.

Ein strenges, schlichtes Farbschema prägt dieses Schwimmbad, in dem die Balken, die das Glasdach tragen, für ein rhythmisches Spiel von Licht und Schatten sorgen. Die Rückwand wird durch Ziegelbögen belebt, in der großen Mittelnische ist Platz für Palmen in Kübeln.

Oben: Die Tafel ist lebhaft in Rot, Weiß und Grün gedeckt, mit einem orientalisch gemusterten Tischtuch, karierten Kissen, bunten Tellern und Servietten sowie spektakulären Blumenarrangements. Von der Decke hängt ein Drahtkorb mit Kerzenhaltern.

Unten: Sanfte Grüntöne passen gut zu hellem Leinen und Holz – alles Farben, die mit den Pflanzen draußen und dem grünen Arrangement auf dem Tisch harmonieren.

Bei der Planung der Dekoration sollte man an den Wechsel der Jahreszeiten denken – ein Rot, dass in der Julisonne leuchtet, kann an einem feuchten Februarmorgen trist wirken. Es gibt bestimmte Grundregeln für die Farbpalette eines Wintergartens. Die erste heißt Grün, die Farbe der Pflanzen, in allen Nuancen vom hellen Limonen- bis zum tiefen Moosgrün, graugrünem Lavendel, purpurgrüner Salbei oder blaugrünem Ilex. Jeder dieser Farbtöne kann als Grundlage gewählt werden, kombiniert mit Blau, Gelb, Weiß und Brauntönen, sogar mit Orange und Purpur. Auch Erdfarben eignen sich gut: Backstein zu ockerfarbenen Wänden und Terrakottatöpfen, ein heller Kalksteinboden zu steinfarben gestrichenem Holz und Tontöpfen. Helle Farben sind meist besser, dunkle Töne sollte man vorsichtig und gezielt einsetzen, denn sie wirken in einem Wintergarten leicht unpassend. In keinem anderen Raum des Hauses erlebt man den Wechsel der Jahreszeiten so intensiv – stellen Sie sich also darauf ein und wechseln Sie von leuchtenderen Farben im Sommer zu wärmeren im Herbst oder Winter.

Oben: Die Tischplatte ist aus Scagliola, einer schönen und dauerhaften Imitation von Marmor aus Siena. Die Stuhlbezüge sind aus Rosshaar mit eingewebten Streifen.

OBEN: In rosa Licht leuchtet der Wintergarten der britischen Modedesignerin Zandra Rhodes, ausgestattet mit einem Werbe-Z, witzigen, kieselbedeckten Schwänen und einem pompösen Spiegelrahmen von Andrew Logan.

RECHTS: Für diesen Wintergarten auf der Chelsea Flower Show ließ ich die Wände traditionell farbig lackieren, um eine tiefere und subtilere Farbwirkung als mit Emulsionsfarben zu erzielen. Sie sind der perfekte Hintergrund für die großen Kumquatbäume in Terrakottatöpfen, für Stühle und Tisch aus Eiche. Die Tischdekoration nimmt die Farben der Bäume mit grünen und orangeroten Tellern, grünen Leuchtern und Gläsern und Orangen auf. Der große dekorative Drahtlüster war eine Sonderanfertigung. Die Stühle vor dem Fenster sind verzinkt und können das ganze Jahr hindurch draußen stehen.

Die zweiteilige Sitzbank aus Korbgeflecht, wie die Kissen eigens angefertigt, schmiegt sich um den eingetopften Zimtbaum in der Mitte. Ihre achteckige Form entspricht dem Grundriss des Wintergartens. Die Farben, Meergrün und Silberblau, stammen von Marston & Langinger, auf dem Boden wurden weiße Kalksteinplatten verlegt.

THE SUNDAY TIMES

Korbmöbel Traditionell gehören Korbmöbel in Wintergärten, wie man es auch auf alten Fotos sehen kann. Zu viktorianischer Zeit hatten Korbsessel Samtkissen, nach 1900 sieht man dann Korbmöbel in kunstvollen Formen, oft gepolstert und wohl von Kolonialbeamten aus Afrika, Asien oder Australien mitgebracht. In den sonnigen Wintergärten der fünfziger Jahre stehen andere Korbmöbel – niedrig, schlicht und mit Schaumgummikissen, während in den siebziger Jahren die alten Korbstühle, wahrscheinlich Erbstücke, wieder auftauchen – angeschlagene Lloyd-Loom-Sessel mit Beistelltischen aus Bambus zwischen Palmen und alter Spitze. Tatsächlich hat jede Generation Korbmöbel wieder neu erfunden und ihrem Wohnstil angepasst. Das ist nicht überraschend, denn das Material, ergänzt mit schönen Stoffen, ist vielseitig und variabel.

OBEN LINKS: Korbmöbel werden meist aus natürlich gebleichtem Rohr oder Weidenruten gemacht.

OBEN RECHTS: Der originelle fünfbeinige Stuhl wurde mit steingrauer Farbe eingesprüht – eine einfache Methode, alte Korbmöbel aufzufrischen.

UNTEN: Ein klassisch schlichter, alter französischer Korbsessel.

LINKS: Die ilexgrünen englischen Korbmöbel sind seit 20 Jahren in Gebrauch, im Sommer auch draußen, und werden gelegentlich neu lackiert. Vorne ragen lange Papyruszweige in den Raum.

Oben: Der marineblaue Korbstuhl ist so leicht gebaut, dass man ihn schnell auf die Terrasse stellen oder wieder hineinholen kann.

Unten: Der bequeme Liegesessel samt Fußteil ist mit gestreiftem Stoff bezogen. Korbmöbel werden mit großen, weichen Kissen bequemer, brauchen aber auch viel Platz.

Rechts: Korbmöbel gehören zur Grundausstattung eines Wintergartens, weil sie an warme Länder erinnern und einfache, natürliche Formen haben. Dieses Sofa ist aus englischer Weide, mit Stahl verstärkt und lackiert. Der Korbtisch im Vordergrund, mit Ledergriffen am Deckel, bietet zusätzlichen Stauraum.

LINKS: Bequeme Rattanstühle tragen zur einladenden Atmosphäre dieses Wintergartens bei, den ich auf der Basis eines Farbschemas von Terrakotta und dunklem Bronzegrün entworfen habe.

UNTEN: Korbmöbel für den Garten haben traditionell leichtes Flechtwerk und daher wenig Gewicht. So kann man sie gut transportieren. Sie wurden hier im selben Farbton lackiert wie die alten eisernen Fensterrahmen.

FOLGENDE DOPPELSEITE: Ein Strandkorbstuhl nach traditionellem Orkney-Vorbild, in dem man, vor Wind geschützt, warm sitzt. Die Kissenbezüge, wie auch beim Korbsessel rechts, sind aus bedruckter Baumwolle.

Oben und unten: Wintergartenmöbel werden gern mit Streifenmustern gepolstert. Hier zeigen wir zwei verschiedene grün-weiße Dessins, auf dem grün lackierten Korbsofa unten mit einfarbigen grünen Kissen ergänzt.

Rechts: Korbmöbel von Marston & Langinger in Naturfarben. Der Tischfuß ist in traditionellen, gewundenen Formen gestaltet. Dieser Wintergarten besitzt zwei Etagen, die durch eine Wendeltreppe verbunden sind. Der kleine Innenhof draußen ist mit Spalieren und Sträuchern in Töpfen begrünt, darunter Mimosen und Kamelien.

Korbmöbel werden aus verschiedenem pflanzlichen Material hergestellt – Rattan aus Asien, vor allem den Philippinen, und verschiedenen europäischen Weidenarten. Die Weidenruten stammen von jährlich beschnittenen Sträuchern oder von Bäumen, die an Flüssen wachsen und gegen Ende des Winters zurückgeschnitten werden, um im folgenden Jahr die kurzen Triebe zu gewinnen. Diese Ruten werden geflochten, wenn sie noch feucht und biegsam sind, mit oder ohne Rinde, und zu Körben, Tischen, Stühlen und Sofas verarbeitet. Das Material kann naturbelassen, gebleicht oder lackiert sein. Korbmöbel haben den Charme schlichter Natürlichkeit, sind immer handgearbeitet und auch ökologisch, leicht und trotzdem stabil. Man benutzt sie am besten in Innenräumen oder auf der Veranda, lackierte Korbmöbel kann man vorübergehend auch im Freien stehen lassen.

Farbig lackierte Korbmöbel haben nichts mehr mit ihrer rustikalen, bäuerlichen Vergangenheit zu tun. In subtilen, matten Farben passen sie gut zu Stoffen und beleben auch eine Stadtwohnung.

LINKS: Auch Eisenmöbel passen gut in Wintergärten. Dieser Tisch mit dem schön geschwungenen Fuß aus Schmiedeeisen und der schwarzen Schieferplatte wurde von Josephine Marston entworfen.

UNTEN: Mosaik ist eine schöne, altehrwürdige Technik für Tischplatten. Das Verlegen von Mosaik ist eine sehr aufwendige Arbeit, denn tausende von kleinen Glas- oder Steinstücken müssen zugeschnitten und eingepasst werden. Die faszinierende Wirkung entsteht durch die vielen winzigen Farb- und Materialnuancen der einzelnen Mosaiksteine. Mosaikplatten liegen meist auf einem Eisengestell, und obwohl man sie draußen nutzen kann, sind sie nicht unbedingt wasserfest. Aus Nordafrika kommen einfachere und preiswertere Mosaiken aus kleinen Stücken farbiger Keramik.

Tische und Stühle Man braucht einen großen Tisch, vor allem, wenn man im Wintergarten auch essen möchte. Runde oder ovale Tische eignen sich am besten, doch die Entscheidung hängt vor allem von der Größe des Raums und den anderen Möbeln ab. Glattes, natürliches Material, das mit Würde altert, empfiehlt sich, mit pflegeleichten Oberflächen, auch Platten aus Schiefer, Sand- oder Kalkstein und unpolierter Marmor, obwohl sie meist schwer und die Tische deswegen schlecht zu transportieren sind. Mattes und klares Glas oder die eisernen französischen Kaffeehaustische sind leichter und daher vielseitiger zu verwenden. Auch Weide und Rattan kommen in Frage, sollten aber eine ebene Oberfläche haben.

Viele Farben und gutes Kunsthandwerk findet man bei Tischplatten aus Fliesen und Mosaik, auch unpoliertes Hartholz, vor allem Eiche, Ulme und Teak mit ihrer natürlich verwitterten Struktur eignen sich. Ungewöhnlich sind Scagliola, eine Marmorimitation aus farbigem, poliertem Gips, mit Kupfer oder Zink beschlagenes Holz und glasierte Keramikplatten in delikaten Farben.

OBEN: Klassisch einfaches Design prägt diesen Lehnstuhl aus poliertem Stahl.

UNTEN LINKS: Auf dem Drahtstuhl liegt ein weiches Dacronkissen, bezogen mit salbeigrün und weiß bedruckter Baumwolle.

UNTEN RECHTS: Der schmiedeeiserne Stuhl wurde französischen Möbeln der Jahrhundertwende nachempfunden und besitzt einen federnden Sitz aus Stahlgeflecht.

LINKS: Der Esstischstuhl spielt mit gotischen Formen. Draht ist ein überraschend stabiles und dabei leichtes Material, das auch gut lackiert werden kann, aber immer ein Kissen braucht.

UNTEN: Die Rückenlehne der ungewöhnlichen Eisenstühle wurde aus Stahlplatten geschnitten, die Sitze sind perforiert. Die Armlehnen enden in Schwanenköpfen aus Messing.

RECHTS: Die schwarze Steinplatte liegt auf einem schönen Fuß aus Schmiedeeisen, die Stühle gehen auf französische Vorbilder zurück. Der Stuhl neben der Tür wurde von mir aus verstärktem Draht entworfen.

RECHTS: Krickettische aus Eiche haben eigentlich drei Beine, um besser auf der unebenen Spielfläche stehen zu können. Dies ist eine Neuanfertigung mit einem Unterbau aus solider Eiche und einer radial gestalteten Platte. Die Farbe passt gut zu den steinfarben lackierten Metallstühlen und zu den Bodenplatten.

OBEN: Der einfache eiserne Frühstückstisch hat eine Sandsteinplatte. Im Hintergrund sieht man ein Paar gefiederte Palmen, die bei ausreichend warmen Temperaturen baumhoch wachsen.

UNTEN: Die viersitzige Drahtbank wurde im Regency-Stil gestaltet. Eigentlich für einen Platz im Garten gedacht, kann sie wegen ihres geringen Gewichts schnell ins Haus getragen und mit Kissen ausgestattet werden.

Beistell- und Konsoltische sind nicht nur praktisch, sondern auch ein attraktiver Bestandteil der Einrichtung. Nützlich sind kleine Kaffeetische aus Metall und Glas, und etwas niedrigere, robuste Tische, auf denen man auch einmal sitzen kann. Esstischstühle im Wintergarten, meist eine Kreuzung von Garten- und Esszimmerstühlen, sind gewöhnlich aus Schmiedeeisen, Aluminium oder Stahl. Die stabilen und dabei leichtgewichtigen Drahtstühle sollten verzinkt sein, wenn man sie im Freien benutzen will. Voluminöse Korbstühle eignen sich meist nicht für den Esstisch, allenfalls in Kombination mit Eisen, Holz oder Lloyd Loom. Metall- und Korbstühle erfordern Kissen. Die meisten dieser Materialien kann man lackieren, damit sie farblich zur Einrichtung passen. Wintergärten sind auch ein guter Platz für originelle alte Stühle wie etwa antike Korbsessel, die sonst für den täglichen Gebrauch zu empfindlich sind.

LINKS: Stühle und Sitzbänke des Regency wurden gerne aus Stahlbändern, an Rundstäbe genietet, hergestellt. Diese Replik steht an einem runden eisernen Esstisch, dessen Schieferplatte farblich mit dem Schieferstreifen im Fußboden abgestimmt ist.

OBEN: Gartenmöbel aus Teak oder Iroko können mit farbigen Decken und buntem Porzellan aufgehellt werden. Die Teller hier sind altes Wedgewood mit Blattmuster. Diese Terrasse liegt günstig zur Küche, die man durch den Wintergarten erreicht. Nicht sichtbar ist links der aus Ziegeln gebaute Grill.

RECHTS: Nachtlichter sind einfach und preiswert – doch für eine gute Beleuchtung braucht man viele. Hier schmückt ein ganzes Sortiment grüner und klarer Glaslaternen einen dekorativen Hängekorb aus Draht.

UNTEN: Stehlampen sind im Wintergarten ebenso nützlich wie im Wohnzimmer. Dieses klassische Modell, aus Bronze und ausziehbar, passt gut zu Möbeln aus Metall.

Beleuchtung Rundum verglaste Wintergärten, die von natürlichem Tageslicht durchflutet sind, sind schwer zu beleuchten. Das Licht strahlt in den Garten oder zum Himmel und kommt nicht, wie in anderen Räumen, reflektiert zurück. Daher sind viele schwache Lampen besser als wenige helle. Auch wenn der Einrichtungsstil des Wintergartens anders als im Haus ist, kann man dieselben Leuchtkörper verwenden – Tisch- und Stehlampen, Wandleuchter an Fenster- und Türrahmen, Hängelüster und kleine Niedrigvoltlampen an der Decke.

Am schönsten wirken Kerzen und Petroleumlampen, festlich sind kleine Nachtlichter in farbigen Pressglasgefäßen auf dem Fensterbrett. Kerzen stellt man am besten in Windlichter, die es in verschiedenen Formen und Größen gibt. Erstaunlich helles Licht und lange Brenndauer haben die preiswerten Petroleumlampen. Für Hintergrundbeleuchtung sorgen kleine Niedrigvoltbirnen oder – falls die Decke aus Holz ist – eingelassene Spots, die mit einem Dimmer zu regeln sind.

Oben: Ein portugiesischer Kronleuchter, aus vielen Holzteilen gedrechselt, beleuchtet den Tisch, während Tischlampen für die Hintergrundbeleuchtung sorgen.

Rechts: Zwei schlichte Tischlampen, links verstellbar aus Metall, rechts aus knorrigem Bambus.

OBEN LINKS: Die große alte Petroleumlampe mit Reflektor stammt aus Südspanien, sie hängt am Fensterrahmen und wirft ein perfektes Licht.

UNTEN: Gläserne Windlichter auf Wandleuchtern aus Messing, an den Holzrahmen rundum befestigt, sind eine so schlichte wie attraktive Lichtquelle.

RECHTS: Die traditionelle maurische Lampe aus dem marokkanischen Fes hat ein kunstvoll durchbrochenes Muster und sowohl bunte wie klare Glasscheiben. Moderne Imitationen sind selten so gut gearbeitet.

Links: Ein Kerzenleuchter mit Schirm aus Bali, ganz aus Bambus gemacht.

Unten rechts: Eine Hängelaterne, türkischen Kiosklampen nachgebildet, eignet sich perfekt für die Decke eines Wintergartens.

Hängelaternen und Kronleuchter sind eine besonders schöne Dekoration in Wintergärten. Falls ein Leuchter nur für Kerzen geeignet ist, sollten Sie, ähnlich wie für Hängekörbe, eine Vorrichtung zum Herauf- und Herunterziehen vorsehen.

In einem Neubau sollte man ausreichend Steckdosen und Leitungen für Wand- und Tischlampen installieren, die gleichzeitig geschaltet werden können, zusammen mit der Außenbeleuchtung, die indirekt auch zur Beleuchtung im Wintergarten beiträgt und an Sommerabenden auf der Terrasse gebraucht wird. Eine gute Ausleuchtung mit künstlichem Licht am Tag wirkt auch bei Nacht schön. Außenlampen müssen wasserdicht und gut isoliert sein. Sie werden an den Holzrahmen befestigt – achten Sie aber darauf, daß Sie die Türen noch richtig öffnen können. Wählen Sie klassisch einfache Formen aus Messing, Bronze, Nickel, lackiertem Metall und Glas, wie man sie von alten Dielen kennt. Da solche Lampen keinen Schirm haben, sollte man klare, nicht zu starke Glühbirnen verwenden. Für Lampenschirme von Tisch- und Stehlampen empfiehlt sich Pergament oder einfarbiger Stoff.

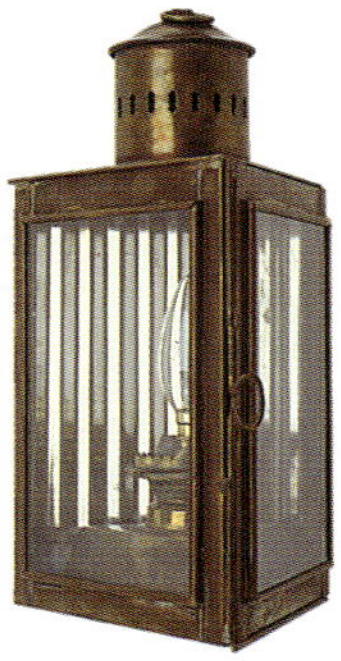

LINKS: Der Kamin war ein wichtiger Bestandteil bei der Planung dieses Wintergartens. Mein Entwurf wurde von Walcott Reclamation in Bath ausgeführt und ist mit Kohle oder Holz zu befeuern. Ein abendliches Holzfeuer bei Kerzenschein, ergänzt durch kleine Spots in der Decke, bietet die perfekte Beleuchtung für eine festliche Mahlzeit.

OBEN: Windlichter sind ideal für große, langsam brennende Kerzen. Man kann sie innen als Tischdekoration verwenden, und ebensogut im Garten oder auf der Terrasse.

UNTEN: An den kunstvollen französischen Bronzeleuchtern mit Palmblatt- und Bananendekor schlängelt sich eine winzige Schlange empor.

OBEN: Vorhänge markieren den Übergang vom harten Bodenbelag des Wintergartens in die gemütliche Wärme des Wohnzimmers.

UNTEN: Zwei bedruckte Baumwollstoffe: Trailing Ivy von Susan Hirsch/ Marston & Langinger und Brunswick von Johanna Woods.

RECHTS: Von leuchtender Farbigkeit sind die gestreifte Seide und der Paisley-Überwurf auf dem Lloyd-Loom-Stuhl. Gut dazu passen bunte Blumen.

Stoffe und Heimtextilien

Mit Stoffen kann man im Wintergarten einen Stil schaffen, der sich vom Rest des Hauses unterscheidet. Streifenmuster sind das traditionelle Dekor, und tatsächlich wirken sie hier auch besonders gut. Bei Kissen sind gestreifte und geblümte Muster eine beliebte Kombination, wie auch verschieden gestreifte Stoffe, oder für ein modernes Ambiente breite Streifen in Naturfarben, zusammen mit Kissen im Ethno-Look. Blumendessins passen immer zu Wintergärten mit vielen Pflanzen, auch Segeltuch und Leinen als natürliche Materialien sind hier am richtigen Platz. Bezüge aus exotischen Stoffen, mit Applikationen oder Stickerei, eignen sich gut für kleine Kissen.

In Umkehrung der alten Regel, ein Tischtuch nur für das Essen aufzulegen, wirkt es im Wintergarten attraktiver, wenn abends immer eine Decke auf dem Tisch liegt, auch im Winter. Alte französische Stoffe, vielleicht gequiltet, afrikanische Muster oder Chenille sind perfekt.

FOLGENDE DOPPELSEITE: Die Tafel glänzt im gedämpften Sonnenlicht, das durch Hanfrollos fällt, die mit limonengrünen Streifen bedruckt sind. Der schlichte Holztisch ist mit einem Tischläufer aus grobem Leinen und cremefarbenem Porzellan gedeckt. Dieser Wintergarten von Marston & Langinger präsentiert sich in einer charmanten Kombination von weichem Grün, Beige und Creme, mit Akzenten in Limonengrün.

LINKS: Violett und gelb gestreifte Rollos, dazu einfarbige Baumwollbezüge mit karierten Kissen, ergeben eine angenehme Kombination.

FOLGENDE DOPPELSEITE: Leuchtend farbige Kissen auf dem eingebauten Sofa, Teppich und Vorhänge verwandeln den schlichten Wintergarten in eine Wohnlandschaft.

OBEN: Das klassische Material für Jalousien unter Glasdächern ist Pinoleum, ein haltbares Gewebe aus Kiefernstäben und Baumwolle, naturfarben oder farbig bemalt.

Mit Teppichen wirken harte Böden im Winter wärmer. Einfaches, natürliches Material wie Abaka (aus Bananenfasern), Schilfmatten, Jute oder dicht gewebte Papierteppiche passen in einen Wintergarten, gut wirken auch indische Dhurries auf Stein oder Kelims in Erdtönen auf Terrakottafliesen.

Vorhänge sollte man im Wintergarten nur dann aufhängen, wenn man abgeschirmt wohnen will, Jalousien dagegen oder locker drapierter Voile und Musselin schaffen schönes, gedämpftes Licht. Stoffe für den Wintergarten sollten pflegeleicht sein, die Sofas bequem und nicht überladen – vielleicht mit abnehmbaren Bezügen, die man je nach Jahreszeit wechseln kann. Denken Sie daran, dass die Farben im hellen Licht des Wintergartens leicht verbleichen können, selbst bei teuren Stoffen. Die einzige Möglichkeit, wertvolle Stoffe zu schützen, sind heruntergelassene Jalousien. Wählen Sie daher nicht allzu kostbare Textilien, die man bei Gelegenheit auch auf der Terrasse oder im Garten benutzen kann.

UNTEN: Einfache Streifen sind immer eine gute Lösung, wie auch bei diesem Sofa, das mit einem traditionellen Stoff mit eingewebten Baumwollstreifen bezogen ist.

Spinnwebendünne Baumwollrollos, an aparten Haken am Fensterrahmen befestigt, machen das Licht weicher und sorgen für Abgeschlossenheit, während man gleichzeitig die Nähe des Gartens spürt.

5

Architektonische Elemente

Mehr als bei jedem anderen Raum im Haus tragen in Wintergärten die Baustrukturen zur Wirkung bei. Hier gibt es keine Teppichböden, Tapeten und selten Vorhänge – dafür aber schöne große Fenster und Türen, eine interessante Dachkonstruktion, vor allem, wenn sie aus Glas ist, und vielleicht offene, freitragende Balken. Proportionen und Farben sollten daher gut abgestimmt sein. Im Fußboden könnte eine Unterbodenheizung mit Lüftungsgittern aus Gusseisen verlegt werden, der Sockel – aus Stein oder holzverschalt – sollte bis zu den Fensterbrettern reichen, mit Nischen für Heizkörper oder Regale, man kann auch eine ganze Wand vertäfeln. Fenster und Türen sollten einheitlich mit dekorativen Sprossen und Rahmen gestaltet werden. Der Wintergarten kann schlicht oder kunstvoll gebaut sein, in größeren Anlagen wie etwa einem überdachten Schwimmbad mit Pilastern und freistehenden Säulen aus Gusseisen oder Holz. Mit einem umlaufenden Sims, an dem man auch die Jalousien befestigen kann, wirkt ein Raum einheitlicher.

OBEN: Das Dachgesims und die geschnitzten Holzkonsolen wurden in zwei abgestimmten Grautönen gestrichen.

UNTEN: Die bleiverglasten Oberlichtfenster unter dem dekorativen Sims dieses Wintergartens von Marston & Langinger wirken im Inneren wie ein dekorativer Lichtfries.

RECHTS: Der ganze Raum wurde mit farbigen Glasfenstern ausgestattet, der Ausschnitt zeigt Früchte, Tiere, Vögel und Figuren.

Glas

Im 19. Jahrhundert gelang die Herstellung von billigem Fensterglas, aber es dauerte noch hundert Jahre bis zur Entwicklung von Sicherheitsglas, das bei Bruch in kleine stumpfe Teilchen zerbröckelt, und folienbeschichtetes Sicherheitsglas. Weiterentwicklungen sind versiegeltes Isolierverbundglas, das Kondenswasser und Lärm reduziert und eine gute Wärmedämmung bringt, sowie emissionsreduziertes Glas, dessen Oberfläche farblos beschichtet ist und die Wärme reflektiert – eine Doppelverglasung mit der Wirkung einer Dreifachverglasung.

Diese Technik ist neu, doch die Kunst, Glas zu dekorativen farbigen Fenstern verarbeiten, war schon im Mittelalter hoch entwickelt. Aus klarem, strukturiertem oder buntem Glas, in Blei oder Messing gefasst, werden solche Fenster auch heute als Schmuck in Oberlichtern und Giebeln verwendet. Milchglas, sandgestrahlt oder mit Spitzenmustern graviert, eignet sich zum Abschirmen oder zum Verdecken einer unattraktiven Aussicht.

OBEN: Kalksteinplatten aus Burgund wurden im Wintergarten und dem anschließenden verglasten Flur verlegt. Der Kamin aus westenglischem Stein und die Wände sind mit den Texturen des Steinbodens abgestimmt.

UNTEN: Vor diesem traditionellen Wintergarten mit einem gemauerten Sockel aus Ziegeln, Steinen und Eichenholz wurde Backsteinpflaster verlegt.

RECHTS: Mitten durch die reiche Bepflanzung des Gewächshauses führt ein schön strukturierter Weg, der mit alten Steinplatten und Eichenholz gepflastert ist.

Böden

Der Stil eines Wintergartens wird durch die Kombination seiner architektonischen Strukturen bestimmt. Vor allem der Boden sollte aus natürlichem Material sein: Stein, Terrakotta, Ziegel oder Holz. Überlegen Sie, ob der Boden den eines anschließendes Raumes, zum Beispiel der Küche, fortführen soll, oder ob ein Kontrast in anderem Stil und mit anderem Material besser ist, vielleicht betont durch unterschiedliche Höhen. Wenn man im Sommer gerne die Türen offen läßt, um die Terrasse einzubeziehen, dann braucht man innen frostsicheres Material wie Sandstein, bestimmte Kalksteinarten oder winterfeste Keramikfliesen.

Material, das auch bei Sonnenlicht, Temperaturunterschieden und Feuchtigkeit widerstandsfähig ist, eignet sich am besten. Aus diesem Grund sind Teppiche aus Wolle ungeeignet. Das Angebot an Kalksteinplatten reicht von zartem Cremeweiß über Sienastein mit Biskuittextur bis zu festem, bräunlich-rosa Kalkstein aus Burgund. Marmor wird in verschiedenen Mustern und Farben geliefert, darunter auch cremefarbener, antik wirkender Travertin.

Oben links bis unten rechts: Alte Yorkstone-Platten, Stein aus Burgund, weißer Kalkstein, intarsiert mit braunem Travertin, Sienastein, Terrakottafliesen mit weißen Steinrauten verlegt oder bedeckt von einem Kelim.

Rechts: Alte, wieder verwendete Cambridge-Backsteine betonen mit ihrer irdenen Farbe und der rauen Oberfläche den Gartencharakter.

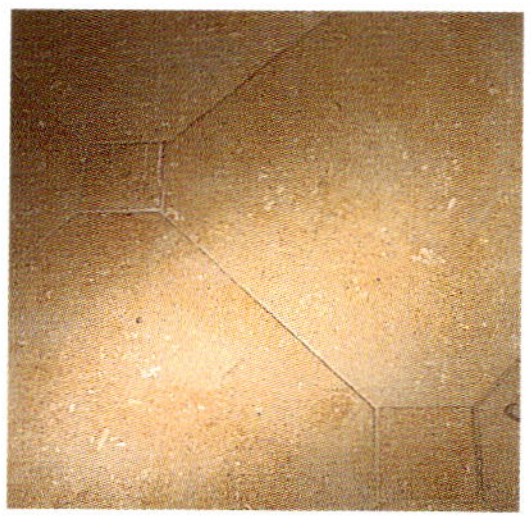

Links: Ein typischer Keramikboden aus viktorianischer Zeit mit einem neugotischen, geometrischen Muster. Bunt gemusterte Fliesen bilden den Rand und wurden auch zwischen den einfarbigen Fliesen verlegt.

Schlicht und edel sind handgemachte Terrakottafliesen mit ihrer natürlichen Oberfläche, die durch die Mischung von Lehm und verschiedene Brennweisen entsteht. Der eher bräunlich-rosa als dunkelrote Farbton eignet sich für verschiedene Einrichtungsstile. Allenfalls alte Pflastersteine können mit ihrer rustikalen Wirkung konkurrieren. Die verbreiteteste Form von Sandstein ist Yorkstone, der nicht rutschig ist und innen wie außen verlegt werden kann. Alte, bis 120 cm^2 große Yorkstone-Platten sind ein Standard für Terrassen, in Innenräumen allerdings ungünstig für Möbelbeine. Wer einen durchgehenden Boden möchte, wählt deshalb zu den alten Platten auf der Terrasse den neuen, weicheren Yorkstone. Manche Steinböden wirken an grauen Wintertagen hart und kalt, vor allem, wenn der Raum kühle Farben hat. Teppiche oder Matten, die im Sommer eingerollt werden können, machen den Raum wärmer. Auch Dielenböden aus Eiche oder Ulme sind eine Möglichkeit, doch das Holz arbeitet im Sonnenlicht und kann Ritzen bekommen. Schilfmatten, Kokos und Sisal sind preiswerte, allerdings kurzlebige Alternativen.

Oben bis unten links: Ein gestreifter Baumwollläufer auf toskanischen Sandsteinplatten; ein bunter Sisalteppich auf altem Marmor; ein geblümter Teppich auf hellem Kalkstein; Terrakottafliesen, gefasst mit Eichenholz, auf die Schilfmatte wurden Spaliere, Blätter und Beeren schabloniert.

Ein neuer Wintergarten, der bewusst alt wirken soll – mit künstlich verblichenem Anstrich und „bröckelndem“ Stuck. Der Boden ist modern und neutral und lenkt nicht vom vorgetäuschten Alter ab.

Oben: An der getünchten Wand hängt eine Sammlung von Sonnen – groß wie ein Teller und klein wie ein Knopf – umrankt von Kletterpflanzen, die vom Dach herunterwachsen.

Unten: Eine attraktive Farbkombination – schnellwachsende Passionsblumen ranken an einem hellblau bemalten Spalier vor der cremefarbenen Wand.

Wände Tragende Wände sollten auch robust wirken, alter Stein oder Ziegel können mit Klarlack versiegelt werden – wenn man nicht einen Umbau, etwa mit einer modernen Tür, plant. Man kann die Wände auch mit Maurerfarbe auf Zementbasis streichen oder traditionell kalken. Verputzte Wände überstreicht man am besten einmal und erhält ihre natürliche Textur. Mehrere Anstriche mit verdünnter, leicht unterschiedlich getönter Farbe ergeben eine subtile Wirkung. In einem Raum mit Türen und Fensterrahmen aus Holz kann man auch die Wände mit Holz verkleiden, ein Stil, der an Bootshäuser und Kricketpavillons erinnert – vor allem mit hellbeigem oder weißem Anstrich.

Man kann eine Wand oder einen Fries auch wie eine Grotte mit verschiedenen Muscheln, ganz gewöhnlichen Kieselsteinen und sogar kleinen Kohlestückchen dekorieren. Man drückt sie in den noch feuchten Putz oder klebt die Teile an die unbemalte Wand.

An den Wänden sollte man Nägel einschlagen oder Spaliere anbringen können, die dekorativ und zum Beranken geeignet sind. Innenspaliere werden meist speziell angefertigt, auch aus Metall (siehe Seite 108), und können schön mit Rautenmustern, Bögen und Kreisen nach Maß um die Fenster oder bis unter das Dach gestaltet werden.

Rechts: Die Wände dieses Wintergartens sind mit breiten Fichtenbrettern verkleidet, die in mattem Kalkweiß lackiert sind.

LINKS: Drahtspaliere sind eine praktische und attraktive Dekoration für Wintergärten. Hier rankt eine zarte Passionsblume, Princess Eugenie, an der Wand hoch.

OBEN: Ein Wintergarten mit lebendigen grünen Wänden, mit einer Fülle von Kletter-, Topfpflanzen und Spalieren. Die gegenüberliegende Wand wird vom Spiegel reflektiert.

Heizen, Lüften, Verdunkeln Die Heizung sollte groß genug sein, um für angenehme Temperaturen zu sorgen, selbst an verschneiten Wintertagen. Bei einem Neubau wird man Boden und Wände gut isolieren und ausreichend dicke, gut isolierte Fensterrahmen aus Holz oder Metall einbauen, mit Verbundglas oder emissionsreduziertem Glas.

Meist kann die bestehende Zentralheizung in den neuen Wintergarten verlegt werden. Heizkörper gelten gewöhnlich als notwendiges Übel, doch gibt es inzwischen hochwertige und schöne Modelle aus Stahl oder Gusseisen. Gusseiserne Lüftungsgitter, unter denen die Heizrohre verlegt werden, sind die beste Lösung, auch gegen Zugluft und Beschlagen. Eine Unterbodenheizung mit spiralig verlegten Leitungen in der Isolierschicht im Fußboden stört die Raumwirkung am wenigsten, reagiert jedoch nur langsam auf Temperaturschwankungen. Eine elektrische Unterbodenheizung ist im Allgemeinen nicht stark genug.

UNTEN: Traditionelle gusseiserne Lüftungsgitter, unter denen die Zentralheizung verläuft, sind eine so effektive wie schöne Beheizung. Am Rand des Bodens eingelassen, halten sie auch Fenster und Türen warm und vermeiden Kondenswasser an den Fenstern.

LINKS: Eine klassische französische Kaminumrandung aus schönem bräunlichen Marmor ist typisch in Empfangsräumen, sie wirkt aber auch hier zwischen dem Wintergartengrün gut.

OBEN: Ventilatoren sorgen im Sommer für Kühlung. Sie müssen so unter dem Dach angebracht werden, dass sie die Luft ansaugen und herausblasen. Einfache Stahlventilatoren, speziell für Wintergärten angefertigt, eignen sich am besten.

Oben: Jalousien filtern das helle Sonnenlicht und sorgen so für einen angenehm kühlen Raum.

Rechts: In einem blauen Wintergarten hängen pflaumenfarbene Pinoleum-jalousien, an Dach und Fenstern wurde dasselbe Material verwendet.

Ein Kaminfeuer ist immer romantisch und bringt zusätzliche Wärme, vor allem an frostigen Januartagen. Man kann den Kamin in ein Heizungssystem integrieren, was für die Pflanzen den Vorteil hat, dass der Wintergarten immer temperiert ist, unabhängig von einer Zentralheizung. Es ist leicht, einen Wintergarten zu entwerfen, der im Winter warm ist – viel schwieriger ist es jedoch, ihn im Sommer kühl zu halten, wenn man nicht von vorneherein bestimmte Voraussetzungen berücksichtigt. Die Belüftung ist entscheidend – etwa ein Drittel der Fenster sollte man öffnen können, bei schönem Wetter auch die Türen. Wichtig ist auch eine Dachentlüftung, die normalerweise elektrisch und von einem Thermostaten gesteuert wird, der auch die Heizung abschalten kann, während die Ventilation läuft. Mit beschichtetem Glas kann man den Treibhauseffekt vermindern, der Licht in Wärme umwandelt. Ein oder mehrere Ventilatoren sind vor allem in nach Süden gerichteten Wintergärten hilfreich. Jalousien unter dem Dach kühlen und schützen vor der Sonneneinwirkung. In warmen Ländern sind Klimaanlagen üblich, doch verzichtet man damit auf das Vergnügen offener Fenster und Türen.

AMERICAN HERITAGE

OBEN: Diesen Wintergarten habe ich an das Castello di San Polo im Chianti gebaut, mit Türen, die sich in heißen toskanischen Sommern gut schließen lassen. Es ist wichtig, dass Wintergärten sowohl doppelt verglast wie gegen Feuchtigkeit isoliert werden. Aber man muß auch im Sommer viele Türen und Fenster öffnen können. Ebenso wichtig ist die Dachentlüftung.

RECHTS: Das Öffnen und Schließen der Türen ist das Wichtigste für eine gute Belüftung des Wintergartens.

6

Details und Zubehör

Mit vielen kleinen Objekten – einem Krug mit Efeu, Pflanzschildern aus Kupfer, einem antiken Spaten, hübsch bemalten Jardinieren aus Draht, alten Gießkannen, kupfernen Sprühgeräten, einem Stapel bemooster Blumentöpfe – entsteht eine bunte Mischung von Farben und Formen, Kitsch und Kunst – man sieht sie in allen hier abgebildeten Wintergärten. Vieles ist aus Draht – kleine Übertöpfe, große Pflanzenständer und sogar Bänke; aus Terrakotta – schlichte Blumentöpfe oder kunstvoll Handgetöpfertes; Spankörbe aus Kastanienholz, Objekte aus verzinktem Eisen, Kupfer und Messing. All diese Gegenstände sind dekorativ und meist auch praktisch, sie gehören zur Einrichtung vor allem von alten Wintergärten. Kleine Antiquitätengeschäfte und Flohmärkte sind eine Fundgrube für Töpfe, Gartengeräte, Gießkannen und Drahtjardinieren.

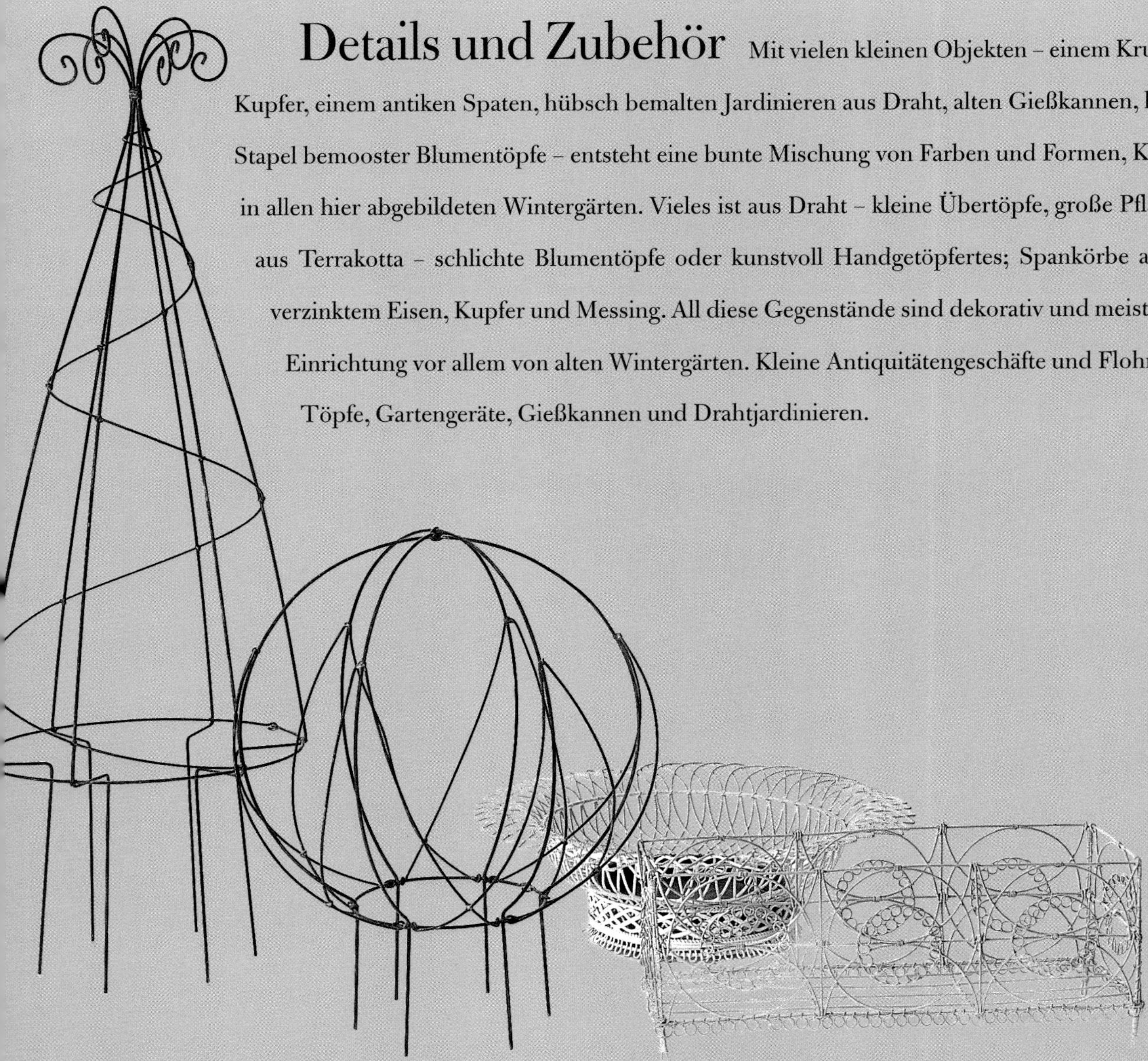

Pflanzen und Bepflanzen Als Kind besuchte ich gerne ein Treibhaus in der Nähe unserer Wohnung, in dem es immer schön warm war – eine stille, feuchte Welt, weinumrankt, mit duftenden Wolken von weißem Jasmin und mit Simsen voller Geranientöpfe, unter denen winzige Farne zwischen den Heizschlangen wucherten. Ich liebte diesen (teilweise wohl chemischen) Treibhausduft und begann mich früh für Wintergärten zu interessieren. Natürlich möchte nicht jeder im Dschungel wohnen, doch ein Wintergarten wäre ohne Pflanzen unvollständig. Was man pflanzen möchte, hängt vom Raum ab, von seiner Größe und Himmelsrichtung, von Heizung und Lüftung, Sonne und Schatten, von den Möbeln und auch davon, ob hier regelmäßig gegessen oder der Raum nur gelegentlich benutzt wird. Drei Pflanztypen stehen zur Wahl: Kletterpflanzen – entweder an Spalieren oder über Wände und Decke rankend, Hängekörbe und Pflanzen in großen Kübeln und Töpfen.

LINKS: In diesem neuen Wintergarten haben sich die vielen immergrünen Pflanzen ihren Platz erobert.

VON OBEN NACH UNTEN: Weiße Primeln wachsen in einer flachen, patinierten Terrakottaschale mit Ringgriffen und in zart geflochtenen, weiß lackierten Drahtkörben.

Der achteckige Grundriss dieses Wintergartens bietet Platz für eine hohe Palme, Bananen, Mimosen und andere große Pflanzen. Sie wachsen alle in großen Terrakottatöpfen, eingerahmt von einer schönen Unterpflanzung.

OBEN: Eine alte, vermutlich indische Teakkiste mit handgearbeitetem Eisengitter wird nun als Blumenkasten benutzt.

UNTEN LINKS: Aus dem länglichen Tontopf wachsen verschiedene Efeuarten an einer kleinen Drahtpyramide hoch.

UNTEN RECHTS: Ein schlichter Blumentopf, handgetöpfert und in zarten Farben, kann zu einem Kunstwerk werden.

In einem großen Raum ist Platz für viele Pflanzen, die man vielleicht in Gruppen vom Haus zum Garten hin staffeln kann. In sonnigen Wintergärten blühen die Pflanzen meist schöner, vor allem mediterrane Gewächse wie Bougainvilleen, Bleiwurz und Oleander, während Pflanzen, die man wegen ihrer Blätter und Texturen wählt, wie Palmen und Farne, besser in schattigen Räumen gedeihen. Durch die Zentralheizung sind Wintergärten meist gut temperiert, doch wenn die Heizung über Nacht nicht anbleibt oder ein eigenes Heizsystem mit Thermostat vorhanden ist, können viele Pflanzen Probleme bekommen. Sie leiden aber auch durch zu viel Sonne und falsche Belüftung – Bedingungen, die man durch Jalousien regeln kann bzw. bei Neubauten durch eine gute Dachentlüftung und viele Fenster und Türen. Viele Pflanzen werden mit der Empfehlung verkauft, sie ausreichend zu bewässern, was in der Praxis oft schwierig ist. Doch richtig zusammengestellte Pflanzen können ihren eigenen Feuchtraum entwickeln, es gibt aber auch Pflanzen, die wenig Feuchtigkeit brauchen (siehe auch Seite 156 – 157).

OBEN LINKS: Zwischen jungem Weizen wachsen papierweiße Narzissen aus einem einfachen Terrakottatrog.

OBEN: Ein schöner Weidenkorb mit rosa-weißer Amaryllis, eingerahmt von Hartriegel, als Unterpflanzung, die die Zwiebeln überdeckt.

LINKS: Sukkulenten in einem interessanten Korktopf.

UNTEN: Verschiedene englische handgemachte Terrakottatöpfe und Weidenkörbe.

Ein wahrer Dschungel wächst in diesem grünen Wintergarten. Die Jalousien von Marston & Langinger sind mit dem Grün der Holzrahmen abgestimmt. Die Fenster haben Bögen im gotischen Stil, mit denen sich der Bau seiner Umgebung anpasst.

Oben: Die Lasur blättert schon ein bisschen bei diesem alten Terrakottatrog, was aber gut zu der herbstlichen Bepflanzung passt.

Unten: Ein schöner Bleikübel, dekoriert von der Gartendesignerin Anthea Gibson.

Rechts: Eine antike Säule trägt einen Blumentopf – alt und neu sowie leuchtende und verblichene Farben sind hier perfekt kombiniert.

Oben: Solche neugotischen Minitreibhäuser waren zu viktorianischer Zeit beliebt, sie standen auf den Fensterbrettern oder wurden eigens eingebaut, um zwischen Straße und Wohnzimmer eine Miniaturwelt aus Farben und Moosen zu schaffen. Auf dem eigenartigen Eisengestell rechts dahinter stehen Blumen wie auf Tortenplatten, der Schäfer links scheint auf seine Herde zu warten.

Links: Ein tragbarer Pflanzenständer, mit einem Tablett für Kies, ist dekorativ und praktisch.

Oben: Der Gesamteindruck des Wintergartens wirkt weicher, wenn Pflanzen auf mehreren Ebenen wachsen.

Es ist verlockend, Möbel und Pflanzen je nach Jahreszeit oder für besondere Anlässe umzustellen, was auch den Vorteil hat, die Blumen je nach Wachstumsstadium ins richtige Licht rücken zu können. Kletterpflanzen sind jedoch das wichtigste, und die Auswahl für Wintergärten ist groß: Jasmin, Passionsblumen, Stephanotis, Wachsblumen und Bleiwurz. Sie brauchen ihren festen Platz in großen Töpfen, Kübeln oder Zinkwannen. Beete mit Erde passen nicht in ein Wohnhaus und sind auch schwer zu pflegen. Auch auf Zimmerpflanzen auf dem Fensterbrett sollte man eher verzichten – einige dekorative große Pflanzen in schönen Töpfen wirken viel besser. Gut eignen sich die immergrünen Farnpalmen (Cycadacae), die regelmäßig büschelweise neue Triebe treiben, Zitronenbäumchen oder Calamondin-Orangen mit ihren vielen kleinen Früchten und duftenden Blüten sowie das zartgraue Blattgefieder und die gelben Blütenwolken von Mimosen (acacia dealbata). Zwiebelgewächse gibt es für jede Jahreszeit, in vielen Katalogen werden auch exotische Arten angeboten. Das wichtigste für eine erfolgreiche Aufzucht ist die richtige, jahreszeitlich abgestimmte Bewässerung – achten Sie immer genau auf die Wassermenge. Blattspinnmilben, Weiße Fliegen oder Blattläuse sind leider unvermeidlich bei Pflanzen, die unter Glas wachsen. Auch Insekten werden von den Pflanzen angezogen wie Motten von Kleidern. Die einzige praktische Abhilfe ist, die Pflanzen herauszustellen und gründlich mit einem geeigneten Insektizid einzusprühen, mehrmals, damit auch die Eier vernichtet werden. Für Pflanzensammler ist ein gesondertes kleines Gewächshaus das Ideale.

Oben: Spanisches Moos wächst aus einem Drahtkorb, der von der Decke hängt und gut zu den grauen Farben des Wintergartens passt.

Unten: Hängekörbe brauchen viel Licht und eine Bepflanzung, die nach unten rankt.

GEGENÜBER: Ein smarter moderner Wintergarten mit poliertem Marmorboden, mit einer praktischen Etagere, deren dreistöckiger Aufbau traditionellen Pflanzenständern nachempfunden ist. Das Eisengestell rechts, eigentlich für große Hochzeitskuchen gedacht, ist so dekorativ wie praktisch, um viele verschiedene Pflanzen aufzustellen.

OBEN LINKS: Blumentöpfe können aus den verschiedensten, auch ausgefallensten Materialien sein – angeschlagenem Porzellan, Muscheln, Rinde, Weide und Tannenzapfen. Damit sie wasserdicht sind, werden sie innen mit Plastikfolie ausgelegt. Alpenveilchen wachsen aus einem dichten Moosbett, an der Wand hängt ein viktorianischer Druck.

OBEN RECHTS: Die Hängekörbe aus Draht sind Replikate viktorianischer Originale.

LINKS: Besonders schön kann man Pflanzen auf Jardinieren gruppieren, sie wachsen auch besser durch die Feuchtigkeit, die sie so entwickeln. Mit einem Dutzend gleichartiger Pflanzen werden sie zu einem attraktiven Blickpunkt.

UNTEN: Aus diesem amüsanten figurativen Topf wächst eine perfekte grüne Perücke.

OBEN UND UNTEN: Schlichtes, mundgeblasenes Glas passt am besten für Schnittblumen im Wintergarten. In den Vasen stehen gelbe Ranunkeln und rosa Tulpen.

Zubehör

Pflanzen spielen eine wichtige Rolle im Wintergarten und sie stehen besonders gut in maßgefertigten Stellagen aus Metall oder Holz – vielleicht Teak oder Eiche – für den Unterbau, auf den man Bretter aus Holz oder Metall legen kann. Etageren sollten nicht zu hoch sein, damit man gut heranreichen kann, praktisch sind kiesgefüllte Tabletts, die das überschüssige Wasser auffangen und gleichzeitg für Luftbefeuchtung sorgen. An den Fensterrahmen kann man Träger aus geschnitzem Holz oder Schmiedeeisen anbringen, am schönsten wirken parallel zu den Fenstern verlaufende Glasablagen. Mittelpunkt eines großen Wintergartens kann eine Jardiniere werden, durch die ein Baum wächst. Farne gedeihen in der feuchtschwülen Wärme einer romantischen Grotte an der Wand, mit wasserdichten Tuffsteinen (aus dem Garten-Center) isoliert, vielleicht mit einen grünumrankten Miniwasserfall ausgestattet, der aus dem Regenwassertank gespeist wird.

RECHTS: Eine originelle Sammlung verschiedener Objekte gibt diesem Wintergarten einen eigenen Stil. Über dem schmiedeeisernen Tisch mit einer Terrakottaplatte hängt ein großes gepresstes Gunnerablatt hinter Glas. Ein Drahtkörbchen mit Sukkulenten steht zwischen einem Lampenpaar mit Bambusschirm und Kugeln aus patinierter Terrakotta, im Strohkorb unten blüht ein Hibiskusbäumchen.

THE GARDEN ROOM
Evans and Lawson
A NATION OF SHOPKEEPERS

Links: Der Wintergarten ist hoch genug für ein indisches Schaukelsofa, das zum ganz besonderen Blickpunkt wird.

Unten: Im persischen Stil bemalt wurde diese Holzkiste, die mit einem Deckel an Scharnieren als Tisch dient.

Die Atmosphäre eines Wintergartens kann man auch in jedem anderen Raum des Hauses verwirklichen, sofern dort ausreichend Licht für Pflanzen ist. Seien Sie kreativ bei der Aufstellung und Auswahl der Blumentöpfe und Sie werden mit einem guten Ergebnis belohnt. Wintergärten sind auch ideal, um eine kleine Sammlung aufzustellen. Teller, Krüge und Glas passen ideal in lichtdurchflutete Räume. Man kann sie dekorativ auf bemalte Holzregale stellen, in Glasschränkchen oder auf Drahtgestelle.

LINKS: An der Wand dieses Marston & Langinger-Wintergartens stehen chinesische Urnenvasen. In den Terrakottatöpfen auf dem Konsoltisch darunter wachsen duftende weiße Rosen. Die Stühle stammen von Beaumont & Fletcher.

OBEN: Das kleine Regal aus verzinktem Draht eignet sich gut, um Teller, Tassen und Milchkännchen zu präsentieren.

UNTEN: Dieser Druck des 19. Jahrhunderts zeigt einen idealen Wintergarten mit einer großen Glaskuppel.

Oben: Krüge eignen sich für die Bewässerung von Topfpflanzen besser als Gießkannen. Dieser Messingkrug hat ein ziseliertes Krokodilledermuster.

Unten: Blumentöpfe mit dem seltenen Achatmuster, das durch eine geschickte Mischung von drei Lehmarten entsteht.

Rechts: Solche Gestelle gab es im 19. Jahrhundert in Bäckereien. Jetzt stehen hier Töpfe, Gießkannen, Pflanzen und Fackeln, unten gedrechselte Holzbekrönungen, wie man sie früher auf die Glasdächer der Wintergärten setzte.

OBEN: Das schöne gusseiserne Becken funktioniert mit einem einfachen Wasserhahn, unter den sogar eine Gießkanne passt. Mit einem Gitter über dem Abfluß kann es in den Boden eingelassen werden.

UNTEN: Kibble Palace. Das runde Becken unter der viktorianischen Glaskuppel sorgt für Feuchtigkeit und ein perfektes Ambiente für Königsfarne (osmandia regalis), die in riesigen Büscheln um einen Baumfarn wachsen.

Brunnen und Statuen

Bei leise plätscherndem Wasser fühlt man sich entspannt und fast wie in der freien Natur. Aus Masken, Löwen oder Delphinen rieselt Wasser in ein kleines Wandbecken. Solche Brünnchen, umwachsen von Farnen, Papyrus oder Aronstab sind eine Attraktion im Wintergarten. Die Installationen sind jedoch nicht einfach – sie müssen gut isoliert sein und eine elektrische Pumpe haben. Eine Alternative sind einfache Becken aus Keramik oder Gusseisen, die an die Wasserleitung des Hauses angeschlossen werden. In einem großen Wintergarten kann man sogar eine traditionelle Marmorfontäne, von einem Engel bekrönt, oder ganz moderne Wasserspiele mit einer Gegenstromanlage einbauen. Statuen sind zur Zeit außer Mode, aber klassische Figuren – Flora, Pan und Schäferinnen – bevölkerten die Orangerien der georgianischen Zeit. Nackte Schönheiten aus Alabaster standen zwischen den Palmen viktorianischer Wintergärten. Das stille, gut ausgeleuchtete Ambiente eines Wintergartens ist der richtige Hintergrund für Skulpturen.

RECHTS: Der Brunnen an der Innenwand einer Orangerie hat Wasserspeier in Form von Haddonstone-Grotesken.

LINKS: Üppiges Grün wuchert im großen Wintergarten von Flintham Hall um das Becken in der Mitte. Der schön skulptierte italienische Schalenbrunnen mit seinem sanften Plätschern ist die Attraktion des Raums. Er sorgt auch für die Luftfeuchtigkeit, die die empfindlichen Pflanzen brauchen.

UNTEN: Schön skulptierte Gruppen aus Carrara-Marmor waren in viktorianischen Wintergärten beliebt. Gute Skulpturen aus dieser Zeit erzielen heute hohe Preise bei Auktionen.

7

Wohnen im Wintergarten

Wintergärten haben meist zwei getrennte Bereiche – einer mit bequemen Sitzgelegenheiten zum Entspannen, der andere mit einem Tisch für Mahlzeiten und Einladungen oder auch als Arbeitsplatz – ideal, wenn man gutes Licht braucht, und zum Spielen und Basteln der Kinder. Wintergärten sind auch wunderbar für Partys und, nicht zuletzt, zum Pflanzen und Gärtnern. In der richtigen Lage, und das heißt nah an der Küche, wird ein Wintergarten intensiv benutzt. Er ist auch ein Raum, dessen Einrichtung regelmäßig wechselt. Die im Winter geschlossenen Türen werden im Sommer zur Terrasse hin geöffnet, im Herbst werden die Möbel wieder umgestellt. Dann werden auch die Pflanzen zum Überwintern hereingeholt, im Frühling blühen dann Tulpen und Narzissen. Ich hatte mehrere Wintergärten und habe sie viel zum Essen (meist zum Frühstück und Mittagessen), zum Lesen, für Einladungen und zum Arbeiten benutzt. Dieses Buch wurde in einem Wintergarten geschrieben.

OBEN: Das bunt bedruckte Tischtuch und die heitere Farbigkeit lockern den großen Wintergarten auf – mit den Pflanzen rundum und der Aussicht auf den Garten ein perfekter Platz für Feste.

UNTEN: Wintergarten-geschirr: Aus der Manufaktur Spode mit Gartenmotiven, rechts Zinnteller.

FOLGENDE DOPPELSEITE: Der schöne Keramiktisch in diesem Wintergarten von Marston & Langinger ist für den Nachmittagstee gedeckt. In den Glasgefäßen auf dem Fensterbrett werden Kräutertees aufbewahrt, auf dem gläsernen Kuchenteller liegen selbst gebackene Kekse und kandierter Rosmarin. Perfekt dazu wurden die Sträuße mit zarten Geranien, Sterndolden und Frauenmantel arrangiert.

Feste und Gäste

Bei Wintergärten denken wir meist an ungezwungene Mahlzeiten. An einem schönen Wochenendmorgen werden die Fenster geöffnet und der Frühstückstisch mit Blumen gedeckt – kein Vergleich mit der Alltagsroutine von Toast und Kaffee in der Küche. Am Abend wird der Tisch mit vielen Kerzen und kleinen Lämpchen beleuchtet, Porzellan, Kristall und Blumen laden zu einem romantischen Mahl ein, dass alle Menus in einem konventionellen Esszimmer vergessen läßt.

Wenn man die Türen öffnet, kann man wie in einem großen Zelt ein Buffet für eine Gartenparty aufstellen. Selbst an windigen und kalten Abenden brennt der Barbecue auf der Terrasse, während man drinnen essen kann. Man kann natürlich einen Grill im Wintergarten einbauen, braucht dann aber einen Abzug und die richtige Entlüftung.

Weihnachten kann man einen richtig großen Baum im Wintergarten aufstellen – mit Lichterketten, Kerzen, Lämpchen, Glaskugeln und Glitzerschmuck ein magischer Anblick von innen und außen.

LINKS: Ein Lunch mitten im Wintergarten ist das richtige an einem grauen Tag im Vorsommer. Hinter dem Tisch wachsen Oleander, Stechäpfel, Fuchsien und andere blühende Pflanzen. Grün gestrichene Holzrahmen und Spitzbogenfenster geben dem sonst schlichten Wintergarten seinen Charme. Aus der Mitte dieses Jahrhunderts stammt der ungewöhnliche Stahlstuhl im Vordergrund.

Oben: Wenn der Tisch dicht an den geöffneten Türen steht, kann man im Wintergarten auch an kühlen Sommerabenden fast wie im Garten sitzen.

Rechts: Die richtige Stimmung für ein kleines Abendessen ist schnell herbeigezaubert, wenn man die Palmen beiseite stellt und ein Leinentuch auf den Tisch legt.

Links: Der weihnachtliche Tisch im Wintergarten prunkt mit goldenen Sternen und Spitzenapplikationen, in der Mitte steht ein großer Silberleuchter, Wachskerzen brennen am Baum.

Rechts: Diesen zweistöckigen Wintergarten mit Spitzbogenfenstern habe ich für die Hinterfront eines Londoner Stadthauses entworfen. Die Besitzer wollten mehr Licht im Haus und gleichzeitig mehr Platz zum Essen und für Einladungen. Die Küche unten geht nun in ein kleines Esszimmer über, dessen Türen sich zum etwas niedriger liegenden Gartenhof öffnen. Oben schließt das Wohnzimmer an den Wintergarten an, mit einem Balkon, von dem man in den Garten mit einem kleinen runden Tisch blickt.

Folgende Seite: Traditionelle Wintergärten sind der schönste Rahmen für Weihnachtsdekorationen – sie sind hoch genug für einen großen Baum, Lichterketten können an den Fensterrahmen aufgehängt werden und bunte Glaslämpchen an der Decke glitzern. Draußen steht ein Rentier aus Draht, das mit Moos und Efeu bewachsen ist.

Adressen

Bau von Wintergärten

AMDEGA LTD
Faverdale, Darlington, County Durham DL3OPW
Tel. 0 13 25 46 85 22
Standarddesigns, Wintergärten aus weiß gestrichenem Zedernholz im viktorianischen Stil.

BARTHOLOMEW CONSERVATORIES
Isla Holdings Ltd, Unit 5, Haslemere, Surrey GU271DW
Tel. 0 14 28 65 87 71
Traditionelle Designs, bemaltes Holz, Eiche natur und andere Harthölzer.

DOROTHEA LTD
Pearl House, Hardwick Street, Buxton Derbyshire SK176DH
Tel. 0 12 98 7 91 21
Gußeiserne Wintergärten, Veranden, Säulen, Brunnen und Möbel.

MARSTON & LANGINGER CONSERVATORIES
192 Ebury Street London SW1W8UP
Tel. 01 71 8 23 68 29
Milchstraße 28A, 20148 Hamburg
Tel. 0 40 4 50 05 33
Wintergärten aus farbig gestrichenem Hartholz, individuell entworfen. Komplettausführung von Bauaufträgen, Inneneinrichtung und Bepflanzung. Ausstellungsräume.

ROOM OUTSIDE LTD
Lakeside House, Quarry Lane, Chichester, West Sussex PO192NY
Tel. 0 12 43 77 65 63
Stabile Wintergärten auf Bestellung.

VALE GARDEN HOUSES
Melton Road House, Harlaxton, Nr Grantham, Lincolnshire NG321HQ
Tel. 0 14 76 56 44 33
Individueller Service für Holz- und Metallwintergärten auf Bestellung.

Pflanzen für Wintergärten

ARCHITECTURAL PLANTS
Cooks Farm, Nuthurst, Horsham, West Sussex RH136LH
Tel. 0 14 03 89 17 72
Wie der Name sagt – viel Geeignetes für den Wintergarten und drumherum.

BURNCOOSE NURSERIES
Gwennap, Redruth, Cornwall TR166BJ
Tel. 0 12 09 86 11 12
Wintergartenpflanzen und winterfeste Pflanzen.

CHELSEA GARDENER, THE
125 Sidney Street, London SW36NR
Tel. 01 71 3 52 56 56
Pflanzen, eine gute Samenauswahl, Bücher, Möbel und Töpfe.

CHESSINGTON GARDEN CENTRE
Leatherhead Road, Chessington Surrey KT92NF
Tel. 0 13 72 72 56 38
Einer der besten Anbieter von Wintergartenpflanzen, auch Bestellservice.

CLIFTON NURSERIES
5a Clifton Villas, Warwick Avenue, London W92PH
Tel. 01 71 2 89 68 51
Wintergarten- und winterfeste Pflanzen, neue und alte Gartenmöbel, Antiquitäten.

HARDY EXOTICS
Gilly Lane, Whitecross, Penzance, Cornwall TR208BZ
Tel. 0 17 36 74 06 60
Trotz des Namens viele Wintergartenpflanzen.

PALM CENTRE, THE
Ham Central Nursery, Ham Street, Ham, Richmond, Surrey TW107HA
Tel. 01 81 2 55 61 91
Wunderbare Auswahl an Wintergarten-Palmen.

ROYAL HORTICULTURAL SOCIETY GARDEN
Wisley, Woking, Surrey GU236QB
Tel. 0 14 83 22 42 34
Informationen über Pflanzen und Laden mit Wintergarten-Pflanzen.

TREWIDDEN ESTATE NURSERY
Trewidden Gardens, Penzance, Cornwall, TR208TT
Ungewöhnliche Auswahl an einjährigen Pflanzen.

WYEVALE AT SYON PARK
Syon Park, Brentford, Middlesex TW88AG
Tel. 01 81 5 68 01 34
Große Auswahl, auch von einjährigen Pflanzen, Töpfe, Möbel.

KRÄUTERZAUBER
Daniel Rühlemann
Auf dem Berg, 27367 Horstedt
Beeindruckendes Angebot an Heil- und Duftpflanzen.

Böden, Glas und Eisen

DOMUS TILES
33 Parkgate Road, London SW114NP
Tel. 01 71 2 23 55 55
Granit, Terrakotta, italienische Marmorböden.

FIRED EARTH
Twyford Mill, Oxford Road, Adderbury, Oxfordshire OX173HP
Tel. 0 12 95 81 20 88
Große Auswahl an Terrakotta- und Steinfliesen, Teppiche.

T & W IDE LTD
Glasshouse Fields, London E19JA
Tel. 01 71 7 90 23 33
Alle Arten von Glas, auch Bleiglasfenster und geformtes Glas.

H & R JOHNSON TILES LTD
Highgate Tile Work, Brownhills Road. Turnstall, Stoke-on Trent, Staffordshire ST64JX
Tel. 0 17 82 57 55 75
Geometrische und bunt glasierte Bodenfliesen.

PARIS CERAMICS
583 King's Road, London SW62EH
Tel. 01 71 3 71 77 78
Alte französische Böden, Mosaikfliesen, Kalkstein.

PLYGLASS PLC
Cotes Park Industrial Estate, Somercotes, Derbyshire DE554PL
Tel. 0 17 73 52 00 00
Sicherheitsglas und Doppelverglasungen.

TOWNSENDS
81 Abbey Road, London NW8OAE
Tel. 01 71 6 24 47 56
Farbiges und geschliffenes Glas, alt und als Repliken.

BEL CANTO/Mosaik-Dekor
Annemarie Krummlauf
Meesdorfer Str. 53, 49328 Melle
Tel./Fax 0 54 27 13 12/92 13 86

M. BLÖCHER
Alte Ziegelei, Entruper Weg 273, 32657 Lemgo
Tel./Fax 0 52 61 9 46 00/94 60 50
Historische Baustoffe.

STEIN & ART 42
Geert Schäfer-Gellhorn
Nördlinger Str. 33a, 91550 Dinkelsbühl
Tel. 0 98 51 65 60
Bildhauer und Steinmetz.

KUNSTSCHLOSSEREI Hoffschulte GmbH
Im Sande 10, 49549 Ladbergen
Tel./Fax 0 54 85 9 37 90/93 79 70
Gartentore und Gitter.

Jalousien

APPEAL BLINDS
6 The Vale Lane, Bedminster, Bristol BS35SD
Tel. 01 17 9 63 77 34
Auswahl an Pinoleumjalousien für Wintergärten.

MARSTON & LANGINGER LTD
192 Ebury Street, London SW1W8UP
Tel. 01 71 8 24 88 18
Milchstraße 28A, 29148 Hamburg
Tel. 0 40 4 50 05 33
Pinoleum- und Stoffjalousien.

TIDMARSH & SONS
32 Hyde Way, Welwyn Garden City, Hertfordshire AL73AW
Tel. 0 17 07 88 62 26
Große Auswahl traditioneller und moderner Jalousien.

Möbel und Accessoires

ANDREW GRACE DESIGNS
Bourne Lane, Much Hadham, Hertfordshire SG106ER
Tel. 0 12 79 84 26 85
Holzmöbel und Pflanzgefäße, Gartenhäuschen.

CONRAN SHOP, THE
Michelin House, 81 Fulham Road, London SW36RD
Tel. 01 71 5 89 74 01

MARSTON & LANGINGER LIMITED
192 Ebury Street, London SW1W8UP
Tel. 01 71 8 24 88 18
Milchstraße 28A, 20148 Hamburg
Tel. 0 40 4 50 05 33
Große Auswahl an Wintergartenmöbeln, Bodenbelägen, Stoffen, Lampen, Pflanzen und Zubehör.

ROBIN EDEN
Pickwick End, Corsham, Wiltshire SN13OJB
Tel. 0 12 49 71 33 35
Regency-Stühle, traditionelle Drahtmöbel.

SUTHERLAND EUROPE
2/20-21 Chelsea Design Centre, Chelsea Harbour, London SW10OXE
Tel. 01 71 3 51 07 75

LENE VON DEM BUSSCHE
Schloß Hünnefeld, 49152 Bad Essen
Tel./Fax 0 54 72 12 18/44 28
Dekor und Antiquitäten.

Accessoires für Haus und Garten

EeBe-DESIGN
Elke Bath, Hansering 17, 48231 Warendorf
Tel. 0 25 81 38 83
Träume aus Stoff für Haus und Garten.

COUNTRY GARDEN
Christel Plasa, Auf den Beeten 12, 72119 Ammerbuch
Tel./Fax 0 70 73 23 72/72 26
Accessoires im Landhausstil.

GARTENREICH
c/o anthologie quartett, Schloß Hünnefeld, 49152 Bad Essen
Möbel für den Sommer- und den Wintergarten.

STEPHAN KIRCHNER HAPPY GARDENING
25899 Kleiseerkoog
Tel./Fax 0 46 61 22 33/23 94

Skulpturen, Statuen, Dekorationen

ANTHONY DE GRAY GARDENS
Broadhinton Yard, 77A North Street, London SW4OHQ
Tel. 01 71 7 38 88 66
Hochwertige, traditionell handgearbeitete Spaliere und Gartenhäuschen.

CROWTHER OF SYON LODGE
Busch Corner, London Road, Isleworth, Middlesex TW75BH
Tel. 01 81 5 60 79 78
Viele alte Urnenvasen, Statuen, Brunnen und Gartenmöbel.

HADDONSTONE LTD
The Forge House, East Haddon, Northamptonshire NN68DB
Tel. 0 16 04 77 07 11
Steinurnen, Brunnen, Statuen, architektonische Stufen und Schwellen, Kreuzblumen, Balustraden.

LLOYD CHRISTIE
1 Kings Road, London SW64SB
Tel. 01 71 7 31 34 84
Spaliere, Gartenhäuschen, Pavillons.

SEAGO
22 Pimlico Road, London SW1W8LJ
Tel. 01 71 7 30 32 23
Alter Gartenschmuck, Statuen, Brunnen, schmiedeeiserne Stühle.

SOLOPARK PLC
The old Railway Station, Station Road, Nr Pampisford, Cambridgeshire CB24HB
Tel. 0 12 23 83 46 63
Restaurierung von Gebäuden, Böden, Replikate von Beschlägen.

WALCOT RECLAMATION
108 Walcot Street, Bath, Avon BA15BG
Tel. 0 12 25 44 44 04
Restaurierung von Gebäuden, auch Teilen alter Wintergärten, Lampen, lohnt einen Besuch.

WHICHFORD POTTERY
Whichford, Nr Shipton-on-Stour, Warwickshire CV365PG
Tel. 0 16 08 68 44 16
Große Auswahl an handgetöpferter Keramik.

HÖLLER der SCHMIED
Alte Stiftschmiede, Maschstraße 17, 32351 Stemwede-Levern
Tel./Fax 0 57 45 27 82
Werkstatt für Metallgestaltung.

LECHNERHOF
Stoltenbergstr. 15, 58456 Witten
Tel. 0 23 02 7 50 22, Fax 7 22 08
Keramikwerkstatt & Gestaltungsatelier
Exklusive Garten-Grillkamine, Gartenskulpturen.

Garten- und Wintergartenarchitekten, Vereine und Kurse

ACANTHUS ASSOCIATED ARCHITECTURAL PRACTICES
Voysey House, Barley Mow Passage, London W 4
Tel. 01 81 9 95 12 32
Vereinigung von Architekten und Restauratoren, die sich auf Umbauten alter Häuser spezialisiert haben.

ENGLISH HERITAGE
23 Saville Road, London W1X2HE
Tel. 01 71 9 73 30 00
Vom Department of the Environment gegründet, um architektonisch und historisch wichtige Stätten zu erhalten. Beratung bei Restaurierungsfragen.

HEATING AND VENTILATION CONTRACTOR'S ASSOCIATION
Esca House, 34 Palace Court, London W24JG
Tel. 01 71 2 29 24 88
Hilfreich bei speziellen Problemen, die über den Horizont normaler Heizungsinstallateure gehen.

INCHBALD SCHOOL OF DESIGN, THE
32 Ecclestone Square, London SW1V1PB
Tel. 01 71 6 30 90 11
Schule für Gartenarchitektur.

KLC SCHOOL OF DESIGN
KLC House, Springvale Terrace, London W14OAE
Tel. 01 71 6 02 85 92/3
Kurse für Design.

ROYAL INCORPORATION OF ARCHITECTS
IN SCOTLAND, THE
15 Rutland Square, Edinburgh EH12BE
Tel. 01 31 2 29 72 05

ROYAL INSTITUTE OF BRITISH ARCHITECTS, THE
66 Portland Place, London W1N4AD
Tel. 01 71 5 80 55 33

ROYAL INSTITUTE OF CHARTERED SURVEYORS, THE
12 Great George Street, London SW1P3AD
Tel. 01 71 2 22 70 00

VICTORIAN SOCIETY, THE
1 Priory Gardens, London W41TT
Tel. 01 81 9 94 10 19
Informationen zu viktorianischen Bauten und zum Denkmalsschutz.

ARNOLD & ALBRECHT
Architektengemeinschaft für Grün- und Landschaft
Reinhard Arnold, Dipl.-Ing. Landschafts-Architekt
Westladbergener Str. 8, 48369 Saarbeck
Tel./Fax 0 25 74 98 37 05-06
Elke Albrecht, Dipl.-Ing. Landschafts-Architektin
Ortfeld 91, 49492 Westerkappeln
Tel./Fax 0 54 04 95 18 49

Öffentliche Gewächshäuser und Botanische Gärten

ALTON TOWERS
Farley Road, Alton, Staffordshire ST104DB
Tel. 0 15 38 70 33 44
Orangerien mit bizarren Kuppeln in einem schönen italienischen Garten, der an einen Themenpark angeschlossen ist.

BICTON HOUSE
Bicton Park, Devon
Die Gärten wurden um 1820 nach Loudons damals modernen, verschlungenen Plänen angelegt.

CAMBRIDGE UNIVERSITY BOTANIC GARDENS
Cory Lodge, Bateman Street, Cambridge CB21JF
Tel. 0 12 23 33 62 65
Gewächshäuser mit einer Vielzahl interessanter Pflanzen in einem berühmten botanischen Garten.

CHATSWORTH HOUSE
Bakewell, Derbyshire DE451PP
Tel. 0 12 46 58 22 04
Joseph Paxton, Architekt der Crystal Palace Exhibition Hall, war hier Gärtner, zu sehen ist sein berühmter Glasweg.

HOLKHAM HALL
Wells-next-the Sea, Norfolk NR231AB
Tel. 0 13 28 71 01 61
Schöne Treibhäuser in einem ummauerten Garten, auch ein gutes Garten-Center.

KENSINGTON PALACE
Kensington, London W8
Tel. 01 71 3 76 24 52
Im täglich geöffneten Park die 1704 von Vanburgh und Kent erbaute Orangerie.

KIBBLE PALACE
730 Great Western Road, Glasgow G12OUE
Tel. 01 41 3 34 24 22
Futuristisches rundes Gewächshaus des 19. Jahrhunderts im Stadtpark.

THE NATIONAL BOTANIC GARDENS
Glasnevin, Dublin 9 Irland
Tel. 0 18 37 43 88
Mit den kürzlich renovierten Gewächshäusern von Richard Turner, einem irischen Designer des 19. Jahrhunderts.

ROYAL BOTANICAL GARDENS
Kew, Richmond, Surrey TW93AB
Tel. 01 81 9 40 11 71
Viele weltberühmte Glasbauten, darunter das Palm House und das neue Princess of Wales House.

ROYAL BOTANIC GARDENS EDINBURGH
20A Inverleith Row, Edinburgh EH35LR
Tel. 01 31 5 52 71 71
Das Palmenhaus aus Stein und Glas ist eines der größten in Großbritannien.

SHEFFIELD BOTANICAL GARDENS
Clarkhouse Road, Sheffield S102LN
Tel. 01 14 2 67 11 15
Orangerie aus Stein mit einem geschwungenen Glasdach.

SEZINCOTE HOUSE
Moreton-in-Marsh, Gloucestershire GL569AW
Tel. 0 13 86 70 04 44
Die Architektur Mogulindiens beeinflusste die Orangerien mit ihren Spitzbögen und farbigem Glas.

SYON PARK
Brentford, Middlesex TW88JF
Tel. 01 81 5 60 08 81
Großes, formales Gewächshaus mit einer riesigen Eisenkuppel, um 1820 von Charles Fowler erbaut.

Schöner und glücklicher wohnen!

Einrichtungsbücher von

BUSSE SEEWALD

Haus und Garten, gestaltet zu einem harmonischen Lebensraum, wobei Stil und Niveau des Hauses sich im Garten fortsetzen. Das ist die Intention des Buches. Ein Ratgeber, und auch ein Buch zum Träumen.

John Brooks,
Eluned Price
Stil und Harmonie in Haus und Garten
258 farbige Abb.
224 S., 22 x 28 cm
farb. Schutzumschlag
ISBN 3-512-03182-X

Der neue Landhausstil: zeitlos elegant und trotzdem behaglich. Interieurs aus aller Welt zeigen exquisite Dekorationen und raffinierten Stilmix. Eine Ideenquelle für alle, die ihre häusliche Umgebung im ländlichen Stil neu gestalten möchten. Der neue Look und eine ungezwungene Atmosphäre entstehen durch die interessante Kombination von Originalität und Stilsicherheit.

Leonie Highton
Country Chic
Der neue Landhausstil
242 farbige Abb.
224 S., 21,5 x 27,5 cm
farb. Schutzumschlag
ISBN 3-512-03183-8

Alice Westgate
Räume zum Wohlfühlen
Wellness und Wohnen
188 z.T. doppels. Farbfotos
192 S., 23,5 x 29,5 cm
farb. Schutzumschlag
ISBN 3-512-03181-1

Nicht nur schöner, sondern auch glücklicher wohnen! Unser Zuhause muß jederzeit die richtige Atmosphäre haben, damit wir uns vom Stress des Alltags erholen können. Dieses Buch verbindet Klassisches und Modernes zu einem wohltuenden Wohnstil, der auf innerer Harmonie beruht – egal, ob auf dem Land oder in der Stadt.